Über dieses Buch

Käse ist »in«. Man sucht und findet immer neue Sorten, Anwendungsmöglichkeiten und Rezepte. Das Angebot hat sich innerhalb kurzer Zeit vervielfacht – selbst der einfache Lebensmittelladen, der vor einigen Jahren nur »Holländer« und »Schweizer« anbot, verfügt heute über ein breites Sortiment raffinierter Köstlichkeiten.

Das Internationale Käselexikon will dem Konsumenten helfen, sich in der Vielfalt der angebotenen Sorten zurechtzufinden. Dabei werden neben den in Deutschland gehandelten auch solche angeführt, die bei uns nicht zu haben sind, in ihren Ursprungsländern aber eine wesentliche Rolle spielen, so daß das Lexikon dem Auslandsreisenden, der fremde Käse kosten will, als Führer empfohlen werden kann.

In alphabetischer Reihenfolge, durch andere Schrift abgehoben, finden sich außerdem Käse-Rezepte, die als Anregung dienen sollen.

O. Hasselfeldt

Internationales Käselexikon

Sorten
Herstellung
Rezepte

Fischer
Taschenbuch
Verlag

Die Fotos in diesem Buch wurden sämtlich der Broschüre »Kennwort Käse« entnommen. Hrsg. Centrale Marketinggesellschaft der deutschen Agrarwirtschaft mbH Bonn

Originalausgabe
Fischer Taschenbuch Verlag
Mai 1977
Umschlagentwurf: Jan Buchholz/Reni Hinsch
unter Verwendung eines Fotos (Foto: Kellner und Sonnenberg)
Fischer Taschenbuch Verlag GmbH, Frankfurt am Main

Gesamtherstellung: Hanseatische Druckanstalt GmbH, Hamburg
Printed in Germany
1878-580-ISBN-3-436-02465-1

Vorwort

Käse ist »in«. Man sucht und findet immer neue Sorten, Anwendungsmöglichkeiten und Rezepte. Das Angebot hat sich innerhalb kurzer Zeit vervielfacht – selbst der einfache Lebensmittelladen, der vor einigen Jahren nur »Holländer« und »Schweizer« anbot, verfügt heute über ein breites Sortiment raffinierter Köstlichkeiten. Der Verbraucher wird zunehmend käsebewußt, er beginnt, Hartkäse, Weichkäse und Frischkäse voneinander zu unterscheiden, sich Gedanken über eine zweckgerechte Lagerung zu machen, systematisch Anregungen zu sammeln und sich eine neue Welt zu erschließen.

Zwangsläufig kam Käse ins Gespräch, als man begann, Wert auf gesunde Ernährung zu legen, denn Käse hat nicht nur alle Nährstoffe der Milch, sondern zeichnet sich auch durch einen besonders hohen Gehalt an Eiweiß aus. Hinzu kommt, daß Käse in Deutschland, umgeben von den Käseexporteuren Dänemark, Holland, Frankreich und der Schweiz einen internationalen Charakter hat und oft mit Urlaubserinnerung und Reiseerfahrung gleichzusetzen ist, die man gern im Freundeskreis weitergibt.

Das Internationale Käselexikon will dem Konsumenten helfen, sich in der beinahe unübersehbaren Vielfalt der angebotenen Sorten zurechtzufinden. Dabei werden neben den in Deutschland gehandelten auch solche angeführt, die bei uns nicht zu haben sind, in ihren Ursprungsländern aber eine wesentliche Rolle spielen, so daß das Lexikon dem Auslandsreisenden, der fremde Käse kosten will, als Führer empfohlen werden kann. Die in alphabetischer Reihenfolge eingefügten und durch abweichende Schrift gekennzeichneten Rezepte sind knapp gehalten, wie es der Stil eines Lexikons erfordert, und wollen Anregungen geben, ohne den Ehrgeiz, breit angelegte und aufwendig bebilderte Rezeptbücher zu ersetzen*.

Erleben Sie, daß die breite Palette der in- und ausländischen Käsesorten und die vielfältigen Möglichkeiten ihrer Verwendung in der Küche Tag für Tag neuen Käsegenuß bereiten können.

* Eine alphabetische Zusammenstellung der Rezepte findet sich am Schluß des Buches.

Abscheidung. Eins der beiden wesentlichen Stadien der Käsebereitung. Milchsäure oder *Lab* bewirken die Gerinnung und Abscheidung von Eiweißstoffen aus der Milch, die die rohe *Käsemasse* (Käsegerinnsel) bilden. Das durch Milchsäure abgeschiedene Käsegerinnsel wird *Quark* genannt, der daraus bereitete Käse heißt *Sauermilchkäse.* Das durch Lab ausgeschiedene Käsegerinnsel heißt *Bruch.* Der daraus bereitete Käse ist Labkäse.

Aktionskäse siehe *Kochkäse.*

Allgäu. Deutsche »Käselandschaft«, Alpen- und Voralpenland östlich des Bodensees. Der Name des Gebiets kehrt bei verschiedenen, meist »internationalen« Käsesorten als Herkunftsbezeichnung wieder, z. B. *Allgäuer Emmentaler.*
Die Qualität des Allgäuer Käse wird auf die hochgelegenen Weiden mit besonders würzigen Kräutern und Gräsern und die in der Gebirgslandschaft besonders gute Luft zurückgeführt.

Allgäuer Emmentaler ist ein deutscher *Hartkäse,* der in großen runden Laiben produziert wird, die bis zu 130 kg schwer sind. Die Rinde ist dunkelgelb bis bräunlich, das Innere gleichmäßig gelb. Nach Art des *Emmentalers* hat der Käse etwa kirschgroße gleichmäßig verteilte *Löcher.* Der Geschmack wird als nußartig bezeichnet, zunächst mildaromatisch und mit zunehmender Reife kräftiger. Allgäuer Emmentaler benötigt zur *Reifung* mindestens 3 Monate. Er wird auch als *Schmelzkäse* in Scheibenform angeboten. Allgäuer Emmentaler gibt es nur als *Vollfettkäse* (Mindestgehalt an *Trockenmasse* 62%, davon 31% Fett, 27% Eiweiß, 3% Kohlenhydrate, 417 Kalorien je 100 g – 45% *Fett i. Tr.*). Er wird aus roher Kuhmilch hergestellt.

Alpkäse. Schweizer Käsesorten, die auf den Alpen (Almen) erzeugt werden, und durchweg nur lokale Bedeutung haben. Es handelt sich dabei um *Hartkäse, Halbhartkäse* und auch einfache Quarkkäse (*Sauermilchkäse*).

Amsterdamer kaas. Holländischer *Schnittkäse* in der Art des *Gouda,* jedoch mit erhöhtem Feuchtigkeitsgehalt. Mindestgewicht der Laibe ist 5 kg. Er wird auch mit einem Zusatz von Kümmel (komijn) angeboten.
Amsterdamer kaas wird nur *»jong«* konsumiert.

Appenzeller. Schweizer *Halbhartkäse* aus Appenzell, den Kantonen St. Gallen und Thurgau. Appenzeller wird in 6 bis 8 kg schweren Laiben hergestellt, die 30 cm im Durchmesser und etwa 9 cm in der Höhe messen. Die braun-graue Rinde ist genarbt und feucht.
Appenzeller wird gleich nach der Ausformung des Laibes von der Käserei dem Händler übergeben, der in einem Gemeinschaftslager die Pflege übernimmt: Die Laibe werden anfangs täglich, später mindestens zweimal in der Woche gewendet und dabei mit der Sulz, die aus Wasser, Weißwein, Salz, Pfeffer und Gewürzen besteht, abgewaschen. Nach 3 bis 4 Monaten *Reifung* ist der Appenzeller verkaufsfähig, nach 5 bis 6 Monaten vollreif. Der gelbe Teig hat kleine, runde *Löcher*, ist zart und weichschnittig. Das durch die Sulz erzeugte Aroma bezeichnet man als »einladend herb, würzig und eigenwillig«.
Appenzeller war schon im Mittelalter so berühmt, daß die appenzellischen Behörden gegen den übergroßen Export einschreiten mußten. 1571 verfügten sie, Käse und Butter dürften erst dann über die Landesgrenzen verkauft werden, wenn sie auf einheimischen Märkten vergeblich feilgeboten worden wären.
Appenzeller ist als Tafelkäse beliebt, er wird gern mit Kümmel und Senf zu Apfelwein genossen. Seine Würze empfiehlt ihn auch als Zugabe zum *Fondue*.

Aroma (Geschmack und Geruch des Käses) wird durch eine ganze Reihe von Faktoren erzeugt, wozu zunächst die Beschaffenheit der Milch gehört, weshalb die aus Gebirgsländern kommenden Käsesorten (Schweiz, Allgäu) besonderen Ruf genießen; man führt das volle würzige Aroma auf die Kräuter der Bergwiesen zurück. Der zweite Faktor ist das *Lab* und die Art seiner Beigabe. Überhaupt sind die verschiedenen Arbeitsgänge der Käseherstellung und die dabei herrschenden Temperaturen von ausschlaggebender Bedeutung, schließlich Fett- und Wassergehalt, die durch diese Arbeitsgänge gesteuert werden. Weitere Unterschiede ergeben sich durch die Art und die Länge der Lagerung und vor allen Dingen durch die dabei herrschenden Temperaturen. Dabei werden die Käse mit Wasser oder Salzlösungen bis hin zur *Sulz* abgewaschen und gewendet.
Während bei vielen Käsesorten der sich bildende Schimmel entfernt wird, beruht das Aroma bestimmter *Edelpilz*-und *Weichkäse*sorten eben auf solchen Schimmelbakterien, die innen und außen durch ihre Arbeit die Reifung des Käses herbeiführen.

Asco. Korsischer Käse aus Schafmilch oder einer Mischung von Schaf- und Ziegenmilch.

Asiago. Ein italienischer *Hartkäse,* der im ganzen Land hergestellt werden darf. Er hat eine ausgesprochen flache zylindrische Form, mit einer Höhe von 9 bis 12 cm und einem Durchmesser zwischen 32 und 40 cm. Die Laibe sind 9 bis 14 kg schwer, mit einer glatten und elastischen Rinde. Als Tischkäse (6 Monate *Reifung*szeit) hat Asiago kompakten Teig mit wenigen kleinen oder mittelgroßen *Löchern* und leicht strohartige Färbung. Als Reibekäse (12 Monate Reifungszeit) ist er von beinahe körniger Konsistenz, dunkler in der Färbung und vor allen Dingen pikanter im Geschmack. Asiago hat einen Fettanteil von mindestens 36% in der *Trockenmasse (Fett i. Tr.).*

Aufbewahrung von Käse. Käse ist ein Naturprodukt, das nach dem Kauf weiter reift. Wärme beschleunigt den *Reifung*sprozeß, Kälte verzögert ihn. Das ist bei der Lagerung von Käse zu beachten.
Hartkäse und *Schnittkäse (Halbhartkäse)* halten sich am längsten, wenn sie in ganzen Laiben gelagert werden. Diese gehören in einen trockenen, kühlen Keller. Dort werden sie auf einer sauberen Unterlage aus Holz abgelegt. Ein- bis zweimal pro Woche werden die Laibe mit einem feuchten Tuch abgerieben, gewendet, und auf eine frische Holzunterlage gelegt.
In kleineren Mengen, wie sie im Haushalt gebraucht werden, können Hartkäse und Schnittkäse etwa zwei bis drei Wochen im Kühlschrank aufbewahrt werden. Dazu werden vorverpackte Käse aus ihrer Umhüllung genommen. Die einzelnen Stücke sind in Frischhaltepapier oder -folie einzuschlagen und kommen in einen verschließbaren Kunststoffbehälter, der in den Kühlschrank gestellt wird.
Nicht zu empfehlen ist das Einschlagen der Käsestücke in feuchte Tücher, da der Käse dabei weniger lange frisch bleibt und das Verfahren unhygienisch ist.
Sicherlich ist es vorteilhaft, Käse nur für den unmittelbaren Bedarf einzukaufen, doch muß eine geringe Vorratshaltung im Hinblick auf überraschende Gäste empfohlen werden. Ein Glas Wein und Käsewürfel – das bedeutet keine Arbeit und wird geschätzt.
Frischkäse und *Schmelzkäse,* die nicht sofort verbraucht werden, müssen in jedem Fall im Kühlschrank aufgehoben werden. Für *Weichkäse* gilt die Regel, daß er je nach Reifegrad im Kühlschrank

oder in der Speisekammer aufbewahrt wird. Dabei wird er so lange wie möglich in der Originalverpackung gelassen, evtl. sogar in ihr aufgetragen. Reste können wieder in die Verpackung zurückgetan werden.

Baby Edammer. Holländischer *Edamer* in kleinerer Kugelform mit einem Gewicht zwischen 180 und 1100 g. 40% *Fett i. Tr.* Er ist nur *»jong«* zu kaufen und wird normalerweise in rotes Cellophan verpackt. Sein Geschmack ist mild.
Baby Edamer wird auch mit einer Beimischung von Kümmel (komijn) hergestellt.

Baby Gouda (Goudse). In kleiner runder Form hergestellter holländischer *Gouda,* 180 bis 1100 g schwer. Baby Gouda wird in rotes Cellophan verpackt, ist nur *»jong«* erhältlich und deshalb von mildem Aroma.

Baby-Saint-Paulin. Kleine Form des *Saint-Paulin.* Die kleinere Form ist zum Schutz gegen Austrocknen mit einer gelben oder roten Schutzschicht aus Wachs oder Paraffin versehen. Sie ist etwas würziger als die großen Laibe.

Backsteinkäse. Sorten, die in backsteinähnlichen Formen und in Würfeln auf den Markt gebracht werden (*Butterkäse, Steinbuscher* u. a. – *Weißlacker* wird in großen Würfeln produziert und zum Verkauf in kleine Würfel zerteilt).

Bagnes. Ein aus dem Val de Bagnes, einem Seitental des Rhônetals in den Walliser Alpen kommender *Walliser Käse,* der sich besonders gut zur Herstellung von *Raclette* eignet.

Bakterium linens (Rotschmiere) siehe *Weichkäse.*

Banon. Kleiner französischer *Frischkäse* aus Ziegen-, Schafs- oder Kuhmilch. Er hat 7 bis 8 cm Durchmesser und nur 3 cm Höhe. Seine Heimat ist die Provence. Er hat eine etwas klebrige natürliche Rinde, 45% Fett in der *Trockenmasse (Fett i. Tr.)* bzw. 19,8% absoluten Fettgehalt. Der Geschmack ist mild.

Bauerngouda. Nicht in der Molkerei, sondern auf dem Bauernhof hergestellter holländischer *Gouda.*

Bauernhandkäse siehe *Handkäse.*

Beefburger-Fondue. *Den echten Fondue-Fan schüttelt's allein bei dem Gedanken: Hier wird nicht Weißbrot, sondern Fleisch in den geschmolzenen Käse getaucht. Trotzdem sollten Sie es einmal probieren.*
Stellen Sie ein Fondue nach dem Grundrezept (Stichwort Fondue) her, aber mit nur 100 g Käse pro Person. Dazu reichen Sie kräftig mit Salz, Pfeffer und Majoran gewürzte, panierte und in der Pfanne knusprig gebratene Hackfleischkügelchen.
Dazu passen pikante Beigaben wie Cornichons, Mixed Pickles und Oliven.

Belegen. Bezeichnung für holländischen Käse, der etwa 4 Monate alt ist. Siehe *Leeftijden.*

Bel Lago siehe *kaltgereifte Käse.*

Bellelay-Käse siehe *Tête de Moine.*

Belle suisse siehe *kaltgereifte Käse.*

Bel Paese. Italienischer *Schnittkäse* in der Art des deutschen *Butterkäse.*

Bergkäse. *Hartkäse* aus dem *Allgäu, Frankreich* und aus *Österreich,* nach der Art des *Emmentaler* hergestellt. Doch sind die *Löcher* kleiner und Teig wie Rinde dunkler und fester, der Geschmack eine Nuance intensiver. Bergkäse kommt in großen runden Laiben zum Verkauf, die ein Gewicht von 15 bis 50 kg haben. Er darf nur aus roher Kuhmilch hergestellt werden, die nicht über die Gerinnungstemperatur hinaus erwärmt wurde. Er ist *vollfett* und hat mindestens 62% *Trockensubstanz.*
In der Schweiz faßt man unter dem Begriff Bergkäse Hartkäse von nur lokaler Verbreitung zusammen, z.B. Saanenkäse, Justistaler, Brienzer Mutschli, Nidwaldner Bratkäse.

Bier siehe *Getränke.*

Bier-Fondue. *Probieren Sie einmal, das Käse-Fondue mit Bier (nicht Pils) statt des gewohnten Weins zu kochen. Und schmecken Sie ganz nach Ihrem Wunsch mit Senf, Tabascosauce und Worce-*

stershiresauce ab. Dazu gehören natürlich pikante Beigaben wie Cornichons, Mixed Pickels, eingelegte Maiskölbchen und Oliven. Man trinkt Bier dazu!

Bierkäschen. Bezeichnung für pikante *Weichkäse*sorten, ohne daß diese nähere Aufschlüsse vermittelt; dieselbe Bezeichnung ist für eine *Schmelzkäse*-Zubereitung gebräuchlich.

Birnen-Fondue siehe *Fondue formidable.*

Blauschimmel siehe *Edelpilzkäse.*

Blauwe schimmelkaas (Bluefort). Holländischer Edelpilzkäse von pikantem Aroma. Er wird in hohen zylindrischen Formen mit einem Gewicht von 1500 bis 3000 g hergestellt. Der Fettgehalt ist 50% in der *Trockenmasse* (*Fett i. Tr.*).

Bleu. Französische Bezeichnung für »blau geäderten« *Edelpilzkäse.*

Bleu d' Auvergne. Französischer *Edelpilzkäse* aus der Auvergne. Er wird aus Kuhmilch hergestellt und in zylindrischen Formen mit einem Gewicht von 4 bis 5 kg angeboten, hat cremigen, aber festen Teig mit gelblichweißer natürlicher Rinde. Bleu d' Auvergne ist von pikantem Geschmack, er hat einen Fettgehalt von 45% in der *Trockenmasse* (*Fett i. Tr.*), was einem absoluten Fettgehalt von 21,6% entspricht.

Bleu de Bresse. Französischer *Edelpilzkäse* aus der Landschaft Bresse (Département Ain). Er wird aus Kuhmilch hergestellt und ist von feinem, doch würzigen Geschmack, milder als der verwandte *Roquefort.* Bleu de Bresse hat einen Fettgehalt von 50% in der *Trockenmasse* (*Fett i. Tr.*), das entspricht einem absoluten Fettgehalt von 23%.

Bleu de Septmoncel. Französischer *Edelpilzkäse* aus der Franche-Comté.

Blue Cheshire siehe *Cheshire.*

Bluefort siehe *Blauwe schimmelkaas.*

Boeren Gouda siehe *Bauerngouda.*

Boeren Leidse (Leidener Bauernkäse). In bäuerlichen Betrieben hergestellter Leidener Käse (*Leidse kaas*) mit Kümmelbeimischung. Durch die Art der Herstellung ist der Fettgehalt in der *Trockenmasse* (*Fett i. Tr.*) größeren Schwankungen unterworfen. Er beträgt mindestens 30%, bewegt sich praktisch aber zwischen 37 und 38%. Trotzdem ist auf dem *Kaasmerk* der Hinweis 30+ vorgeschrieben. Die rot paraffinierten, flachen runden Laibe tragen darüber hinaus eine Prägung mit der Inschrift »Boeren Leidse 30+« und dem Wappen von Leiden.

Boeren Lunch. *Baby Gouda,* der nicht in einer Molkerei, sondern in einem bäuerlichen Betrieb hergestellt wurde.

Bohnenkäse siehe *Sojakäse.*

Bonbel. Markenbezeichnung des französischen *Saint-Paulin.*

Boursin. Französischer *Doppelrahmfrischkäse* aus der Champagne. Von mildem und doch würzigem Geschmack. Boursin wird aus frischer Sahne hergestellt, er kommt mit den verschiedensten Beimischungen (Mandel-Rum, Pfeffer, Kräuter usw.) zum Verkauf.

Brebis. Französischer Lammkäse.

Brecher. Quirl zum Rühren der *Käsemasse,* siehe *Brennen.*

Brennen. Nach dem *Vorkäsen* wird die zerkleinerte *Käsemasse* unter Rühren mit einem Brecher oder Weibel genannten Quirl auf eine Temparatur von 55 bis 60 Grad Celsius erhitzt. Dadurch werden die Gärungsbakterien geschwächt bzw. vernichtet. Durch Brennen und fortgesetztes Rühren wird der Anteil der Trockenmasse erhöht und den Bruchkörnern die richtige Größe und Festigkeit gegeben.

Bresse bleu siehe *Bleu de Bresse.*

Brie. Internationaler *Weichkäse.* Seine Heimat ist Frankreich. Er wird dort in flachen tortenförmigen Platten auf Strohmatten gereift. Die *Reifung* dauert etwa drei Wochen. Infolge der Be-

handlung mit dem »Camembertschimmel« Penicillium Camemberti oder Candidum trägt der Käse auf der Oberfläche eine gleichmäßige Schicht von weißem Edelschimmel. Die runde Form wird in tortenstückförmige spitze Stücke zerteilt. Handelsform ist sowohl die runde Platte als auch der daraus gewonnene Kreisausschnitt. Die Ränder können *Rotschmiere* aufweisen.
Je nach dem Reifegrad ist der Teig des Brie weiß bis rahmgelb, mit einigen kleinen *Bruch*löchern. Voll ausgereift hat er geschmeidige Konsistenz. Sein Geschmack ist mild und aromatisch, im Gegensatz zum *Camembert* aber leicht säuerlich bis pikant.
Brie wird in Deutschland *vollfett*, in der *Rahm-* und der *Doppelrahmstufe* mit mindestens 44 bzw. 46 bzw. 52% *Trockenmasse* hergestellt. Er ist für die große Käseplatte ebenso geeignet wie für das Schulbrot und das Dessert – besonders fein mit Obst und Nüssen.
Dänischer Brie wird in flachen runden Laiben von 500 g und 1 kg Gewicht hergestellt, und zwar mit 45, 50 und 60% Mindestfettgehalt in der Trockenmasse (*Fett i. Tr.*), mit der Bezeichnung 45+, 50+ und 60+.

Brie de Meaux. Französischer *Brie* aus der Ile de France, wird aus Kuhmilch hergestellt. Er hat einen Fettanteil von 45% in der *Trockenmasse* (*Fett i. Tr.*), was einem absoluten Fettanteil von 19,8% entspricht.

Brienzer Mutschli siehe *Bergkäse.*

Brie suisse. Bezeichnung für in der Schweiz hergestellten *Brie.*

Brillat-Savarin. Französische Käsesorte aus der Normandie, nach dem bekannten Feinschmecker Anthelme Brillat-Savarin (1755–1826) genannt, der durch sein Buch »Physiologie des Geschmacks« Weltruhm errang. Es handelt sich um einen milden fetten Käse aus Kuhmilch von runder Form.

Brotaufstriche mit Käse.
Emmentaler Käsebutter.
75 g geriebener Schweizer Emmentaler, 75 g weiche Butter, 2 Eßlöffel Sahne, 2 Eßlöffel Senf, 1 Eigelb. Die Zutaten miteinander zu einer glatten streichfähigen Masse verrühren, möglichst im Mixer.

Glarner Butter.
½ Schabziegerstöckli reiben und mit 50 g weicher Butter und 50 g geschlagener Sahne gut verrühren. Evtl. mit etwas Milch verdünnen.

Orangen-Käsebutter.
75 g geriebenen Greyerzer, 50 g weiche Butter und 50 g Speisequark miteinander vermischen, dazu 6 Eßlöffel Orangensaft geben, etwas Salz, Pfeffer und nach Belieben einige Tropfen Angostura Bitter.

Meerrettich-Käsecreme.
50 g geriebenen Schweizer Emmentaler, 2 Eßlöffel Mayonnaise und 2 Eßlöffel geschlagene Sahne miteinander vermischen. Je nach Geschmack 1 bis 3 Eßlöffel Meerrettich und einen kleinen geriebenen Apfel darunter ziehen. Mit etwas Salz würzen.

Gomser Käseaufstrich.
100 g geriebenen Gomserkäse oder Sbrinz, 1 Eßlöffel Mayonnaise, 50 g weiche Butter und ein feingewiegtes, gekochtes Ei mit 1 Teelöffel Kirsch geschmeidig rühren. Mit etwas Salz, Pfeffer und Paprika würzen.

Brood Edammer ist ein holländischer *Edamer* in Brotform. »Klein« hat er ein Gewicht von 2000 bis 3000 g, »groot« von mindestens 3500 g. Er wird auch mit einer Beimischung von Kümmel (komijn) hergestellt. Brood Edammer ist zarter im Geschmack als der normale Edamer Käse. Er hat 40% *Fett i. Tr.*

Bruch entsteht durch *Abscheidung* der *Käsemasse* aus Milch, soweit diese durch *Lab* bewirkt wird. Dabei entsteht aus dem Kasein ein neuer unlöslicher Eiweißstoff, Parakasein genannt. Die phosphorsauren Kalke, die bei der Abscheidung von *Quark* gelöst werden und in die *Molke* übergehen, bleiben bei der Abscheidung durch Lab ungelöst mit dem im Parakasein gebundenen Kalk im Käse. – Der Bruch ist elastisch und süß.

Butterkäse. Deutscher halbfester *Schnittkäse* in der Backsteinform oder als runder Laib bis 6 kg Gewicht. Butterkäse hat eine dünne gelbbraune bis rötliche Haut, der Teig ist geschmeidig und halbfest bis schnittfest, buttergelb. *Löcher* können klein und in geringer Menge vorhanden sein, sollen nach Möglichkeit aber ganz fehlen. Der Geschmack wird als »auffällig mild« angegeben,

eben wie Butter. Butterkäse kommt in drei Fettstufen (siehe *Fett i. Tr.*) zum Verkauf:

Vollfettstufe	mindestens 48% *Trockenmasse*
	mindestens 45% *Fett i. Tr.*
Rahmstufe	mindestens 50% Trockenmasse
	mindestens 50% Fett i. Tr.
Doppelrahmstufe	mindestens 55% Trockenmasse
	60–85% Fett i. Tr.

Buttermilchquark siehe *Quark.*

Cabécou d'Entraygues. Kleine flache Käse aus der französischen Landschaft Quercy, meist aus Ziegenmilch, hin und wieder aber auch aus Schafmilch.

Caciocavallo. Ein italienischer *Hartkäse* aus Kuhmilch, der im ganzen Land hergestellt wird. Er wurde früher in Pferdeblasen gefüllt, woher die traditionelle Form und der Name stammen. Caciocavallo wird in birnenförmigen Laiben, mit dünnem, kurzem Hals vor einer dicken Kugel, angeboten. Sie haben ein Gewicht von 2 kg, das nach oben und unten differieren kann. Die Rinde ist glatt und dünn, goldgelb bis hellbraun. Der Teig muß kompakt und geschlossen sein, von weißer bis strohgelber Farbe; vereinzelte kleine *Löcher* werden im Rahmen der Bestimmungen akzeptiert.
Caciocavallo hat als Tischkäse mit einer *Reifungszeit* von nicht mehr als 3 Monaten einen milden bis leicht pikanten Geschmack, als älterer Reibekäse (Reifungszeit 6 Monate bis 1 Jahr) ist er ausgesprochen würzig. Der Fettgehalt in der *Trockenmasse (Fett i. Tr.)* beträgt mindestens 44%. Der Käse kann geräuchert werden.

Caerphilly. Er ist der jüngste der neun »großen« englischen Käse, als sein Geburtsjahr nimmt man 1830 an. Seinen Namen bekam er von einem Dorf in Wales, sieben Meilen nördlich von Cardiff. Er soll zunächst ein bevorzugtes Nahrungsmittel der walisischen Bergleute gewesen sein.
Heute ist der Caerphilly im gesamten Vereinigten Königreich und darüber hinaus beliebt, denn er hat einen milden, fast süßlichen Geschmack und es wird sowohl die Konsistenz als auch der Geschmack als sahnig bezeichnet, dabei pikant wie alle englischen Käse. Die Produktion erfolgt in runden flachen Laiben von 8 bis 9

engl. Pfund* oder rindenlosen Blöcken von 10 und 40 engl. Pfund Gewicht. Die Käsemasse ist weiß, geschlossen, mit sparsamer, gerstenkorngroßer Lochung.
Caerphilly ist im Sinne deutscher Käsebezeichnungen »vollfett« (siehe *Fett i. Tr.*), ein halbfester *Schnittkäse* und hat mit einer *Reifungsdauer* von nur 2 Wochen keine lange Haltbarkeit. Er ist also bald zu verbrauchen. Zusammen mit Sellerie auf dünnen Brotscheiben zum Tee gereicht schmeckt er besonders gut.

Caillebottes. Französischer Dickmilchkäse.

Caillé de brebis. Französischer Dickmilchkäse aus Schafmilch.

Camargue. Schafkäse aus der Provence (Frankreich), dem das weite Schwemmland der Rhône seinen Namen gegeben hat. Der Käse wird mit Thymian und Lorbeerblatt garniert.

Camembert. »Internationaler« *Weichkäse*; seine Heimat ist Frankreich, wo es einen Verband der Hersteller des echten Camembert gibt, dessen Mitglieder sich an bestimmte Regeln der Herstellung halten und ihre Verbandsmitgliedschaft auf der Packung aufzudrucken pflegen. Ein solcher Aufdruck ist also Qualitätsgarantie.
Camembert erhält seinen mild-würzigen Geschmack durch die Verwendung der »Camembertpilze« Penicillium Camemberti und Candidum, die den die gesamte Oberfläche gleichmäßig überziehenden *Weißschimmel* erzeugen. Camembert kommt in kreisrunder flacher Form oder in Form von Kreisteilen (zwei bis sechs), oft mehrere einen ganzen Kreis bildend zusammen verpackt, in den Handel. Der Durchmesser liegt zwischen acht und fünfzehn Zentimeter, die unterteilte Packung mit kleineren vorbereiteten Portionen ist für den kleinen Haushalt vorzuziehen.
Der Käse ist beim Verkauf meist noch nicht durchgereift, das Innere ist noch teilweise weiß, unelastisch und sogar bröcklig. Die erfahrene Hausfrau prüft den Reifegrad durch leichten Druck mit der Fingerkuppe auf die Mitte des Käses. Und es ist darauf zu achten, daß durch sachgemäße Lagerung der Reifeprozeß, der sich von außen nach innen vollzieht, nicht unterbrochen wird. Das schließt die Lagerung im Kühlschrank aus, empfiehlt dieselbe in der luftigen Speisekammer oder im kühlen Keller.
Überreifer Camembert neigt zur Verflüssigung, er »läuft davon«,

* 1 engl. Pfund = 453 g

womit auch der Geschmack sich intensiviert, was nicht jedermanns Sache ist. Bittere Geschmacksstoffe gehen von der rotbraunen Schmiere aus, die sich unter dem Edelschimmel auf der Haut ausbreitet und angetrocknet ist. Diese sollte vor dem Verzehr entfernt werden. Ein probates Mittel, den Geschmack solch alten Camemberts zu mildern, ist es, ihn mit der Gabel zu zerdrücken und mit Butter zu vermischen.
Deutschen Camembert gibt es in den *Fettstufen* dreiviertelfett bis Doppelrahmstufe:

Dreiviertelfettstufe	mindestens 38% *Trockenmasse*
	mindestens 30% *Fett i. Tr.*
Fettstufe	mindestens 42% Trockenmasse
	mindestens 40% Fett i. Tr.
Vollfettstufe	mindestens 44% Trockenmasse
	mindestens 45% Fett i. Tr.
Rahmstufe	mindestens 46% Trockenmasse
	mindestens 50% Fett i. Tr.
Doppelrahmstufe	mindestens 52% Trockenmasse
	60–85% Fett i. Tr.

Camembert aus Dänemark erscheint unter den folgenden Bezeichnungen:
45+ = mindestens 45% Fett i. Tr.
50+ = mindestens 50% Fett i. Tr.
60+ = mindestens 60% Fett i. Tr.

Camembertschimmel = Weißschimmel, Edelschimmel, siehe *Weichkäse.*

Cantal ist der älteste französische Käse, ein *Hartkäse* aus der Auvergne. Er wird aus Kuhmilch hergestellt und kommt in trommelförmigen, etwa 30 kg schweren Laiben zum Verkauf. Er hat einen Fettgehalt von 45% in der *Trockenmasse (Fett i. Tr.)*, das entspricht einem absoluten Fettgehalt von 26,1%. Sein Geschmack wird als kräftig bezeichnet.

Carré de l'Est. Ein französischer *Weichkäse* mit *Weißschimmel*-rinde. Er wird aus pasteurisierter Kuhmilch hergestellt und kommt aus der Champagne und aus Lothringen. Er hat viereckige Form mit einer Seitenlänge von 8 bis 10 cm. Der Fettgehalt in der *Trockenmasse (Fett i. Tr.)* ist 45 bis 50%, der absolute Fettgehalt 19,8 bis 23%. Der Carré de l'Est hat einen ausgesprochen milden Geschmack.

Casein (Kasein) siehe *Quark.*

Chabichou. Ziegenkäse aus der französischen Landschaft Poitou.

chambrieren. Auf Zimmertemperatur bringen. Käse soll eine Stunde vor dem Servieren aus dem Keller oder Kühlschrank geholt werden. Bei *Rahmkäse* genügt eine Viertelstunde, die übrigen *Frischkäse* können gekühlt auf den Tisch kommen.

Champagner-Fondue siehe *Fondue au champagne.*

Champignon-Geschmack. Typischer Geschmack des *Camembert.*

Chaource. Käse aus der Champagne (Frankreich) mit würzigem, nußartigem Geschmack. Er wird aus Kuhmilch hergestellt und hat eine leicht körnige Konsistenz.

Cheddar. Der bekannteste englische *Hartkäse,* der nichts mit dem *Chester,* der hin und wieder auch als Cheddar bezeichnet wird, zu tun hat. Cheddar, also den echten englischen, gibt es seit dem 16. Jahrhundert, und er wurde zunächst in einem Tal mit Namen Cheddar Gorge produziert, das zu einem interessanten Reiseziel wurde, zeichnet sich doch der Cheddar durch lange Haltbarkeit aus, was ihn in der damaligen Zeit zum Favoriten des Fernhandels machte.
In seinem Heimatland unterscheidet man zwischen »mild« und »mature« Cheddar. Ersterer hat eine *Reifung*szeit von 2 bis 5 Monaten hinter sich und ist im Geschmack mild; der Zusatz mature signalisiert eine Reifungszeit von mindestens acht Monaten und einen entsprechend intensiven, aber noch nußartigen Geschmack. Cheddar wird in zylinderartigen hohen Laiben mit einem Gewicht zwischen 1 und 70 engl. Pfund* hergestellt und seit einiger Zeit auch in rindenlosen Blöcken mit einem Gewicht von 10 und 40 englischen Pfund. Der Teig ist weiß bis blaßgelb, geschlossen und etwas bröckelig. Aus Australien und Neuseeland eingeführter Cheddar hat oft eine mit Leinen überzogene Rinde.

Cheddar ist im englischen Haushalt ein Käse für alle Tage und für alle Zwecke. Mit English Cheddar wird ein pikanter Krautsalat

* 1 engl. Pfund = 453 g.

aus 500 g feingeschnittenem Weißkraut, 1 Zwiebel, 5 Teelöffel Mayonnaise und 200 g gewürfeltem Cheddar bereitet.
Siehe auch *Dänischer Cheddar.*

Cheese. Das englische Wort für Käse.

Cheeseburger. *Aus 375 g Gehacktem (halb Rind, halb Schwein), 1 Zwiebel, 1 eingeweichten Brötchen, 1 Ei, etwas Senf, Salz, Pfeffer und Paprika machen Sie 4 quadratische Frikadellen, die mit Öl eingepinselt und gegrillt werden. Dann legen Sie auf jede Bulette eine Scheibe Käse (möglichst in gleicher Größe) und schieben Sie noch einmal unter den Grill. Schneiden Sie vier Milchbrötchen auf und legen Sie je ein Blatt Salat und eine mit einer Käsescheibe bedeckte Bulette dazwischen. Dabei sollten Sie nach Geschmack Tomatenketchup auf die Käsescheiben gießen.*

Cheshire. Das ist die älteste der »großen« neun englischen Käsesorten. Ihre Geschichte soll in das von Römern besetzte England zurückreichen. Im 12. Jahrhundert – zur Zeit Elisabeth Tudors – wurde sie zum ersten Male urkundlich erwähnt. Und da der Name eine Herkunftsbezeichnung ist – Namengeber sind die fruchtbaren Cheshire-Ebenen (Cheshire-Plain) um die Liverpool-Bay –, wird es auch nicht verwundern, daß sich hinter dem Namen eigentlich drei Käsesorten verbergen, Cheshire white, red und blue.
Cheshire weiß und rot sind von mildem Geschmack mit krümeligem Teig. Sie werden in hohen zylindrischen Laiben von 10 bis 50 engl. Pfund* und rindenlosen Blöcken von 10 oder 40 engl. Pfund hergestellt. Die rote Farbe der Käsemasse wird durch Beigabe von Karottensaft erzielt. Diese beiden Sorten haben eine *Reifung*szeit von mindestens 6 Wochen.
Die Intensität des Geschmacks ist von der Zusammensetzung der Milch und der Reifungszeit abhängig. Im April wird junger (»early«) Cheshire produziert, in den Monaten Mai, Juni und September solcher, der nach mittlerer Lagerdauer verkauft wird (»medium«). Die besonders gehaltvolle Milch der Monate Juli und August bleibt dem lang lagernden Cheshire blue vorbehalten.
Dieser Cheshire blue ist ein *Edelpilzkäse* mit einer spiralförmigen blauen Äderung, die durch den Schimmelpilz Penicillium glaucum hervorgerufen wird. Er ist von sahniger Konsistenz, im

* 1 engl. Pfund = 453 g.

Gegensatz zu seinen jüngeren Brüdern aber von würzigem bis scharfem Geschmack. Die Reifungszeit beträgt 6 Monate. Cheshire blue wird in hohen zylindrischen Laiben mit einem Gewicht von etwa 50 engl. Pfund hergestellt.

Chester (Cheddar). *Hartkäse* mit schwach säuerlichem, leicht pikantem Geschmack. Die mindestens 20 kg schweren, oft mit einer Schutzschicht aus Paraffin überzogenen runden flachen Laibe müssen beim Verkauf wenigstens drei Monate alt sein. Chester gibt es in zwei Fettstufen:

Vollfettstufe	mindestens 60% *Trockenmasse*
	mindestens 45% *Fett i. Tr.*
Rahmstufe	mindestens 62% Trockenmasse
	mindestens 50% Fett i. Tr.

Vollreife erreicht er erst in zwei Jahren. Der Teig ist hellgelb bis orange, mit schlitzförmiger Bruchlochung. Er krümelt nicht und soll auf der Zunge schmelzen.

Chèvre. Französische *Weichkäse* und *Sauermilchkäse* aus Ziegenmilch. Sie erscheinen in den verschiedensten Formen im Handel, in runden Laiben, viereckig und als Pyramiden. Einzelne Sorten sind von Buchen-, Wein- und Kastanienblättern umhüllt. Der Geschmack ist durchweg etwas streng. Ziegenkäse werden auch mit Beimischung verschiedener Gewürze (Kümmel, Rosmarin) angeboten. Ein Export findet so gut wie nicht statt, so daß man die verschiedenen Sorten im Lande kennen lernen muß.

Chèvretons de Mâcon. Kleine Ziegenkäse aus dem Mâconnais (Frankreich).

Cierp de Luchon. Käse aus dem Languedoc (Frankreich). Er wird aus Kuhmilch (in Einzelfällen aus Schafmilch) hergestellt und hat nach langer Lagerung einen ausgesprochen scharfen Geschmack. Der Käse ist sehr trocken.

Colby siehe *Dänischer Colby.*

Commissie kaas. »Doppelter« (dubbele) holländischer *Edamer* mit einem Gewicht von 3 bis 4,5 kg. Er ist im Geschmack etwas zarter als der normale Edamer.

Comté siehe *Gruyère de Comté.*

Comté-Crème siehe *Crème de Gruyère.*

Cordon bleu. *Zutaten für 4 Personen: 4 Kalbsschnitzel, 4 Scheiben gekochten Schinken, 4 Scheiben Käse (Tilsiter oder Edamer sind geeignet), 2 Eier, Mehl, Semmelbrösel, Salz, Pfeffer, Butter oder Margarine zum Braten.*
Am besten lassen Sie vom Fleischer die Schnitzel vorbereiten: Er schneidet sie längs auf, so daß eine Tasche entsteht, in die Sie je eine Scheibe Schinken und Käse legen, die nicht überstehen sollen. Es wird empfohlen, die Tasche mit Hilfe eines Zahnstochers zu verschließen. Haben Sie große dünne Schnitzel, so belegen Sie sie zur Hälfte und klappen sie zusammen, stecken den Rand fest oder drücken die Hälften zumindest gut aufeinander. Nun werden die Schnitzel erst in Mehl gewälzt, dann in dem mit den Gewürzen verquirlten Ei und anschließend in Semmelbröseln. Sie werden langsam in heißem Fett auf beiden Seiten goldbraun gebraten und auf einer vorgewärmten Platte mit Zitronenscheibe und Tomatenachteln angerichtet.

Cottage-Cheese (Hüttenkäse, Hauskäse). Ein *Frischkäse* mit leicht säuerlichem Geschmack, der aus gleichmäßigen weißen *Bruch*körnern besteht. Viertelfett (siehe *Fett i. Tr.*). Hüttenkäse wird besonders für die kalorienarme Diätküche propagiert. Er wird auch als *Käse-Zubereitung* mit Kräutern, Gewürzen und Früchten angeboten. Frischkäse-Zubereitungen mit Früchten dürfen nach der deutschen Käse-Verordnung einen Anteil von 30% (früher 25%) Früchten enthalten. Probieren Sie Cottage-Cheese als Schlankmacher mit Äpfeln, Nüssen und Beeren, als Garnitur für Salate und als Füllung für Tomaten.

Coulommiers. Kleiner französischer *Brie,* von extra mildem Geschmack, der an Mandeln und Nüsse erinnert. Er kommt in runden Laiben von 12 bis 15 cm Durchmesser und einer Höhe von 3 cm zum Verkauf. Coulommiers wird nicht nur als *Weichkäse,* sondern auch als *Frischkäse* angeboten. Er hat einen Fettgehalt von 45 bis 50% in der *Trockenmasse (Fett i. Tr.),* das entspricht 19,8% bis 23% absolutem Fettgehalt.

Cream Cheese. Bezeichnung für englischen *Frischkäse.*

Crème de Gruyère. *Schmelzkäse,* der zum größten Teil aus *Gruyère de Comté* besteht. Etwa 45% Fett in der *Trockenmasse*

(Fett i. Tr.), das entspricht einem absoluten Fettgehalt von 19,3%.

Creusois. Weicher cremiger Käse aus der französischen Landschaft Marche. Er enthält 80% Kuhmilch und 20% Ziegenmilch.

Croix-d'Or. Kleine pikante Ziegenkäse aus der Franche-Comté (Frankreich).

Crottin de Chavignol. Runder Ziegenkäse aus der französischen Landschaft Berry (Mittelfrankreich).

Dänische Käsesorten erlangen bei uns zunehmende Bedeutung, seitdem Dänemark Mitglied der EG ist. Die dänische Landwirtschaft gehört zu den modernsten der Welt. 1,2 Millionen Milchkühe und etwa 4,3 Milliarden kg Milch pro Jahr sind die Grundlagen für eine blühende Molkereiwirtschaft, die zwei Drittel ihrer Erzeugnisse exportiert. Dänemark ist der zweitgrößte Butterexporteur und der viertgrößte Käseexporteur der Welt. Von den 40 bis 50 dänischen Käsesorten werden hier die für den Export wichtigsten zusammengestellt.

Hartkäse:
- *Dänischer Cheddar,*
- *Dänischer Colby,*
- Dänischer *Emmentaler,*
- Dänischer *Grana.*

Festkäse (Schnittkäse):
- *Danbo,*
- *Elobo,*
- *Fynbo,*
- *Maribo,*
- *Mini Fynbo,*
- *Mini Samsø,*
- *Molbo,*
- *Mynster,*
- *Samsø,*
- *Tropen-Fynbo,*
- *Tybo.*

Halbfeste Käse (Halbfeste Schnittkäse):
- *Dänischer Fetakäse,*
- *Dänischer Fontina,*

Dänischer *Mozzarella,*
Dänischer *Saint Paul,*
Esrom,
Havarti.
Weichkäse u. a.
Danablu (Danish Blue Cheese) – *Edelpilzkäse*
Mycella – Edelpilzkäse
Dänischer *Camembert* – Weichkäse
Dänischer *Brie* – Weichkäse
White Mould – Weichkäse
Danish Cream Cheese Spread – Frischkäse

Dänischer Käse hat zur Kennzeichnung das *Kaseinzeichen* und als Qualitätsgarantie das *Lurenzeichen.* Er wird ausschließlich aus Kuhmilch hergestellt, was bei den einzelnen Sortenbeschreibungen nicht ausdrücklich vermerkt ist.
In Dänemark selbst nimmt der Käse bei der täglichen Ernährung eine wesentliche Rolle ein, ist nicht Genuß-, sondern Nahrungsmittel und wird zu allen Mahlzeiten gereicht. Die dänische Käseplatte zeichnet sich sowohl durch die Reichhaltigkeit der Sorten als auch die der Beigaben aus, die nicht nur zur Zierde dienen, sondern, wie Obst aller Art und Tomaten, Paprika, Radieschen, gern zusammen mit dem Käse gegessen werden.
Auskünfte über Käse aus Dänemark durch den Dänischen Käseexportausschuß, Frederiks Allé 22, DK 8000 Aarhus C und die Marktinformationsstelle der Dänischen Molkereiwirtschaft, Konrad-Adenauer-Platz 10, 4 Düsseldorf.

Dänischer Cheddar. Mild-säuerlicher *Hartkäse,* der mit und ohne Rinde in rechteckiger Blockform hergestellt wird. Das Gewicht ist etwa 33 kg, bei der *rindenlosen* Produktion etwa 18 kg. Der weiße bis orangefarbene Teig ist fest, wachsartig dicht, der Mindestfettgehalt muß 50% in der *Trockenmasse* sein *(Fett i. Tr.).*

Dänischer Colby. *Hartkäse* von leicht säuerlichem Geschmack. Er wird in rechteckigen Blöcken hergestellt, mit Rinde 33 kg schwer, in *rindenloser* Form etwa 18 kg schwer, letzterer 28 × 35 × 18 cm groß. Die weiße bis orangefarbene Käsemasse ist kompakt mit vielen kleinen unregelmäßigen, etwa reiskorngroßen *Löchern.* Der Mindestfettgehalt ist 50% in der *Trockenmasse (Fett i. Tr.).*

Dänischer Edelpilzkäse siehe *Danablu.*

Dänischer Fetakäse. Ein *halbfester Käse* mit scharfem Geschmack, der so entsteht: Die frischgepreßte Käsemasse wird zerschnitten und in konzentrierte Salzlösung gelegt oder trocken gesalzen. Fetakäse wird in Blecheimern und Blechdosen mit einem Inhalt von 16 kg, 2 kg und 500 g angeboten und oft im Holzrahmen versandt. Es gibt vier Fettstufen mit mindestens 50, 45, 40 und 30% Fett in der *Trockenmasse (Fett i. Tr.).* Die Bezeichnung ist 50+, 45+, 40+ und 30+.

Dänischer Fontina. *Halbfester Käse* (Schnittkäse) mit mild-süßlichem Geschmack. Wie der italienische Fontina kommt er in flachen runden Laiben mit einem Gewicht von 8 bis 18 kg in den Handel, die Höhe ist 7 bis 10 cm, der Durchmesser 30 bis 45 cm. Die trockene gelbliche Rinde kann mit Paraffin von roter oder gelber Färbung überzogen sein. Dänischer Fontina hat nur wenige, kleine, aber regelmäßige *Löcher.* Für einen Schnittkäse ist die Konsistenz recht weich, die Färbung der Käsemasse soll gelblich sein. Der Käse wird in zwei Fettstufen produziert: Mindestfettgehalt in der *Trockenmasse* 45 und 50% *(Fett i. Tr.).* Die Bezeichnung lautet 45+ und 50+.

Dänischer Grana siehe *Grana padano.*

Dänischer Mozzarella siehe *Mozzarella.*

Dänischer Saint Paulin siehe *Saint-Paulin.*

Danablu. Dänischer *Edelpilzkäse,* sowohl zu schneiden als auch zu streichen, dem halbfesten *Schnittkäse* in seiner Konsistenz vergleichbar. Danablu hat wie fast alle Edelpilzkäse einen scharfen pikanten Geschmack. Er wird in zwei Fettstufen hergestellt: Mit 50 und 60% Mindestfettgehalt in der *Trockenmasse (Fett i. Tr.).*

Die Bezeichnung ist 50+ und 60+. Sollte Ihnen der Danablu zu scharf sein, so verrühren Sie ihn mit Butter zu einer Creme, viele Dänen tun es.
Danablu wird in verschiedenen Formen hergestellt:

Flach, rund, 10 cm hoch, mit einem Durchmesser von etwa 20 cm, Gewicht 2,75 bis 3,25 kg.

Rechteckig 30 × 12 × 12 cm, Gewicht etwa 4 kg.

Quadratisch 21 × 21 × 21 cm, Gewicht etwa 4 kg.

Die weiße Käsemasse ist von dunklem, blaugrünem Schimmel durchzogen. Danablu wird oft in Silberfolie verpackt angeboten.

Danbo ist ein dänischer *Festkäse* mit mild-aromatischem Geschmack, etwa dem deutschen *Steppenkäse* entsprechend. Er wird in flachen quadratischen Formen hergestellt, die meist bei 25 cm Kantenlänge ein Gewicht von etwa 6 kg haben, doch sind Gewichte von 250 g bis 14 kg für den Laib durchaus üblich. Danbo hat eine trockene gelbliche Rinde, die das *Kaseinzeichen* trägt und mit einem Überzug von gelbem oder rotem Paraffin zum Zwecke der besseren Frischhaltung versehen sein kann. Die Käsemasse ist elastisch, von gelblich-weißer Färbung und hat wenige kirschen- bis erbsengroße *Löcher.*
Danbo wird in zwei Fettstufen hergestellt: 45 und 30% Fett in der *Trockenmasse (Fett i. Tr.).* Deren Kennzeichnung ist 45+ und 30+. Danbo ist auch mit einem Zusatz von Kümmel erhältlich.

Danish Blue Cheese siehe *Danablu.*

Danish Cream Cheese Spread ist ein ungereifter Rahmkäse, nach deutschen Klassifizierungen ein *Frischkäse,* der auch mit verschiedenen Beimischungen, z. B. Knoblauch, Pfeffer zu haben ist.

Danish Mozzarella siehe *Mozzarella.*

Danish Saint Paulin siehe *Saint-Paulin.*

Danish White Cream Cheese. Dänischer *Doppelrahmfrischkäse* von leicht pikantem Geschmack, mit hohem Fettgehalt von mindestens 72% in der *Trockenmasse (Fett i. Tr.).*

Decize. Aus Kuhmilch gewonnener *Frischkäse* aus der französischen Landschaft Nivernais.

Delikateßkäschen. Bezeichnung für *Weichkäse*sorten, ohne daß diese weitere Aufschlüsse vermittelt.

Demi-sel-Carré. Französischer *Doppelrahmfrischkäse.*

Derby. Er wird als die köstlichste unter den englischen Käsesorten bezeichnet, ein milder *Schnittkäse,* der mit dem *Butterkäse* vergleichbar ist. Die Laibe sind rund und flach und haben ein Gewicht von 9 bis 30 engl. Pfund*. Rindenlose Blöcke für Portionspackungen werden mit einem Gewicht von 10 und 40 engl. Pfund hergestellt.
Derby wird wegen seines an Honig erinnernden Geschmacks gerühmt, der fast weiße Teig ist geschmeidig und geschlossen. Bei längerer Lagerung erhält der Käse einen pikanten Geschmack, und es bilden sich blaue Adern wie beim Stilton. Die Mindest*reifung*szeit ist 4 bis 6 Wochen.
Eine Abart des Derby ist der Sage-Derby – mit gewiegten Salbeiblättern –, der anläßlich des Weihnachtsfestes und auch zum Erntefest auf den Tisch kommt. Er hat – hervorgerufen durch die Kräutermischung – grüne Farbe und wird in Laiben von 14 bis 18 engl. Pfund hergestellt.

Dessert. Die Gewohnheit, Käse zum Abschluß einer Mahlzeit zu reichen, entspricht der medizinischen Erkenntnis, daß Käse durch die Anregung der Magensaftproduktion die Verdauung fördert. Der Volksmund sagt: Käse schließt den Magen zu.
Reichen Sie zum Käse passende Früchte (Obst zu mildem, herbe Beilagen zum pikanten Käse). Siehe auch *Servier-Regeln.*

Deutsche Käsesorten. In der Bundesrepublik Deutschland wird die Qualität der hier hergestellten Käsesorten durch die Käse-Verordnung vom 24. Juni 1965 in der Fassung der Änderungs-Verordnung vom 19. Februar 1976 geregelt. Diese bestimmt den *Fett-* und Wassergehalt, das Aussehen und die Beschaffenheit des

* 1 engl. Pfund = 453 g.

Endproduktes ebenso wie die Rohstoffe (Kuhmilch, Ziegenmilch, Schafmilch, Buttermilch, *Molke*, Sahne, Milchpulver) und der Zusätze wie *Lab*, Pilz-, Hefe- und Bakterienkulturen. Die in der Verordnung aufgeführten 28 Standard-Käsesorten*, für die jeweils auch der Mindestgehalt an *Trockenmasse* festgelegt ist, sind in 7 Gruppen eingeteilt. Neben den international produzierten und angebotenen Sorten wie *Edamer* und *Emmentaler* wird in Deutschland eine ganze Reihe von Spezialitäten, oft an bestimmte Gegenden gebunden, hergestellt. Auf diese breite Palette des Angebots ist es in erster Linie zurückzuführen, daß sich deutsche Käsesorten ständig steigender Beliebtheit erfreuen.
Für nicht den in der Käse-Verordnung genannten Standard-Sorten zugehörigen Käse gilt die folgende Einteilung in Käse-Gruppen nach »Wassergehalt in der fettfreien Käsemasse«, die allerdings mehr nach einer komplizierten Rechenaufgabe als einem für den praktischen Gebrauch bestimmten Verordnungstext aussieht:

Käsegruppe	Wassergehalt in der fettfreien Käsemasse
Hartkäse	56% oder weniger
Schnittkäse	54–63%
Halbfester Schnittkäse	61–69%
Sauermilchkäse	60–73%
Weichkäse	67–73%
Frischkäse (ohne Schichtkäse)	
mager bis viertelfett	73–83%
halbfett bis fett	73–85%
vollfett, Rahmstufe und Doppelrahmstufe	73–87%

Die hauptsächlich in der Bundesrepublik Deutschland produzierten Käsesorten, geordnet nach Käsegruppen:
Hartkäse: *Allgäuer Emmentaler, Bergkäse, Chester (Cheddar), Emmentaler;*
Schnittkäse: *Edamer, Geheimratskäse, Gouda, Tilsiter, Trappistenkäse;*

* Hartkäse: Emmentaler, Bergkäse, Chester; Schnittkäse: Gouda, Edamer, Tilsiter; Halbfeste Schnittkäse: Steinbuscher, Edelpilzkäse, Butterkäse, Weißlacker, Wilstermarschkäse; Weichkäse: Camembert, Brie, Romadur, Limburger, Münsterkäse; Frischkäse: Speisequark, Schichtkäse, Rahmfrischkäse, Doppelrahmfrischkäse; Sauermilchkäse: Harzer Käse, Mainzer Käse, Handkäse, Bauernhandkäse, Korbkäse, Stangenkäse, Spitzkäse, Olmützer Quargel, Kräuterkäse.

Halbfeste Schnittkäse: *Butterkäse, Deutscher Esrom, Edelpilzkäse, Steinbuscher, Steppenkäse, Weißlacker, Wilstermarschkäse;*
Weichkäse: *Brie, Camembert, Limburger, Münsterkäse, Romadur, Weinkäse;*
Sauermilchkäse: Bauernhandkäse, *Handkäse, Harzer* mit Kümmel, Harzer mit Rotkultur, Harzer mit Weißschimmel, *Korbkäse,* Kräuterkäse, *Mainzer Käse, Olmützer Quargel, Schabziger,* Spitzkäse, *Stäbchen-Bauernhandkäse, Stangenkäse;*
Frischkäse: *Cottage-Cheese,* Doppelrahmfrischkäse, *Rahmfrischkäse,* Schichtkäse, *Speisequark;*
Schmelzkäse.
In der Bundesrepublik Deutschland (einschließlich West-Berlin) wurden im Jahre 1975 648 000 t Käsereierzeugnisse* hergestellt, davon 329 000 t, also etwa die Hälfte, Frischkäse und Speisequark. Dazu gibt es für die einzelnen Bundesländer folgende Zahlen:

Land	Käse ohne Frischkäse	Frischkäse Speisequark
Schleswig-Holstein	18 000 t	9 600 t
Bremen	–	1 600 t
Niedersachsen	29 400 t	61 900 t
Nordrhein-Westfalen	7 200 t	82 700 t
Hessen	21 200 t	41 000 t
Rheinland-Pfalz	–	16 500 t
Saarland	–	3 900 t
Baden-Württemberg	22 100 t	34 800 t
Bayern	189 900 t	329 400 t
	287 800 t	329 400 t

Die Hochburgen der deutschen Käseproduktion befinden sich durchweg in den beliebtesten Urlaubsgebieten, in denen zugleich intensive Grünlandwirtschaft betrieben wird.
Die Bundesrepublik Deutschland ist der drittgrößte Käse-Exporteur der Welt. 1975 wurden von einem Gesamtexport von 107 000 t Käse allein 58 000 t deutscher Käse nach Italien verkauft, in Frankreich konnten immerhin 5 000 t abgesetzt werden.
Auskünfte über Käse aus Deutschland erteilt die Centrale Marketinggesellschaft der deutschen Agrarwirtschaft m.b.H., Koblenzer Str. 148, 53 Bonn-Bad Godesberg.

* alle Zahlen laut »Bundesministerium für Ernährung, Landwirtschaft und Forsten«

Deutscher Esrom siehe *Esrom.*

Dicklegen siehe *Abscheidung.*

Dieetkaas (Diätkäse). Holländische Käsebezeichnung für salzarmen Käse mit der Aufschrift »D«.

Dill-Fondue siehe *Fondue au Dill.*

Dips. *So nennt man halbflüssige kalte Saucen, die zum Fondue Bourguignonne (Fleisch-Fondue) gegessen werden oder in die man Artischockenblätter, Kartoffelchips und andere Snacks eintaucht. Meist spielt Käse, Frischkäse, bei ihrer Zubereitung eine wichtige Rolle: 150 g Doppelrahmkäse, 2 Eier und Milch nach Belieben werden verrührt oder im Mixer verschlagen. Aus dieser Grundsauce zaubern Sie mit Meerrettich, Kapern, Zwiebeln, Curry, gehackten Cornichons, Tomaten und Tomatenmark, Ketchup und Gewürzen aller Art Dips in vielerlei Geschmacksrichtungen. Probieren Sie es auch einmal mit Obst und Obstsäften.*
Pikanter werden die Dips, wenn Sie als Grundlage Schmelzkäse wählen, den Sie schon mit den verschiedensten Beimischungen kaufen können, und ihn mit Mayonnaise und evtl. noch mit Sahne schaumig rühren. In jedem Fall sollten Sie eine tüchtige Portion Grundsauce herstellen und sie dann – in kleinen Gefäßen – mit den verschiedenen Zutaten mischen.

Doppelrahmfrischkäse siehe *Rahmfrischkäse.*

Doppelrahmkäse, Doppelrahmstufe siehe *Fett i. Tr.*

Double crème. Schweizer *Doppelrahmfrischkäse.* Wurde früher in quadratischer Packung (carré) angeboten, heute im Becher.

Double Gloucester. Englischer halbfester *Schnittkäse.* Er erhielt seinen Namen von der gleichnamigen Grafschaft. Double Gloucester ist rund und voll im Geschmack, aber doch gleichzeitig mild. Der Teig hat butterartige Konsistenz, ist geschlossen und hat eine stroh- bis goldgelbe Färbung. Double Gloucester wird in runden Laiben von meist 15 cm Höhe und etwa 13 kg Gewicht hergestellt oder in rindenlosen Blöcken mit einem Gewicht von 10 oder 40 engl. Pfund*. Die *Reifung*szeit beträgt 3 bis 4 Monate.

* 1 engl. Pfund = 453 g.

Die englische Hausfrau reicht Double Gloucester gern mit Früchten und Salaten und sogar zu mit Sahne serviertem Obstsalat zu allen Mahlzeiten. Er soll sich gut mit einem Glas Bier vertragen.
Bis zum Ende des Zweiten Weltkrieges gab es auch Single Gloucester, der inzwischen weitgehend aus dem Angebot verdrängt ist. Er unterscheidet sich vom Double durch einen weniger ausgeprägten Geschmack. Single Gloucester wird bei niedrigeren Temperaturen verarbeitet, die Körnung des Quarks ist feiner.

Doulce Gruyère siehe *kaltgereifte Käse.*

Dreiviertelfett siehe *Fett i. Tr.*

Edamer. *Schnittkäse,* der nach der holländischen Stadt Edam benannt ist. Niederländer behaupten, Eva hätte den Adam nicht mit einem Apfel, sondern mit einem runden Edamer verführt. Edamer wird mittlerweile in vielen Ländern hergestellt und oft mit einer Herkunftsbezeichnung angeboten, z. B. Holländer Edamer oder Deutscher Edamer.
Edamer hat elfenbeinfarbigen bis goldgelben Teig, mit geschmeidiger, fettig wirkender Konsistenz. Er hat vereinzelte kleinere runde bis ovale *Löcher* in Erbsengröße. Der Geschmack ist mild und rein und wird mit zunehmender Reifung ausdrucksvoll pikant.
Edamer aus Holland, der dort »Edammer« geschrieben wird, hat einen Mindestfettgehalt von 40% Fett in der *Trockenmasse (Fett i. Tr.),* erkennbar an der Bezeichnung 40+. Normalerweise kommt er in runden Kugeln von mindestens 1700 g Gewicht zum Verkauf, die für den Export mit einer Schutzschicht aus rotem Paraffin versehen sind. Er ist in allen Reifestadien (siehe *Leeftijden*) zu kaufen. Junger Edamer wird mit dem Messer, alter mit einem Stahldraht abgeschnitten. Jüngerer Edamer wird auch mit einem Zusatz von Kümmel (komijn) angeboten.
Im Hinblick auf den steigenden Anteil vorverpackter Ware wird Edamer auch in viereckigen Formen* mit Rinde (mindestens 10 kg) und ohne Rinde (mindestens 12 kg, *rindless*) hergestellt. Weitere Produktions- und Handelsformen sind der *Baby Edammer,* der *Brood Edammer,* der *Commissie kaas* und der *Middelbare Kaas.*
In der Bundesrepublik Deutschland angebotener Edamer muß

* »Vierkante en rechthoekige Edammer«

mindestens fünf Wochen alt sein. Zum Verkauf kommen hier vier Fettstufen:

Dreiviertelfettstufe	mindestens 49% Trockenmasse
	mindestens 30% Fett i. Tr.
Fettstufe	mindestens 53% Trockenmasse
	mindestens 40% Fett i. Tr.
Vollfettstufe	mindestens 55% Trockenmasse
	mindestens 45% Fett i. Tr.
Rahmstufe	mindestens 57% Trockenmasse
	mindestens 50% Fett i. Tr.

Er kommt neben der Kugelform mit 2 kg Gewicht hauptsächlich in Brotform (2,6–2,8 kg oder 4–4,5 kg Gewicht) zum Verkauf, wobei die Brotform wegen der rationelleren Möglichkeit des Scheibenschnittes an Beliebtheit gewinnt. Besondere Vorschriften über die Form gibt es nicht mehr.

Edelpilzkäse. Oft aus Schafmilch oder aus einer Mischung von Kuh- und Schafmilch hergestellte halbfeste *Schnittkäse.* Der Grün- und Blauschimmel (Penicillium Roqueforti) wird gemeinsam mit der Käsemasse in die Formen gegeben. Der Käselaib wird durchstochen, um den Schimmelbakterien genügend Luft zuzuleiten. Die Löcher dazu müssen beim ausgereiften Käse noch erkennbar sein. Die *Reifung*sdauer beträgt mindestens 5 Wochen.

Der weiße bis hellgelbe Teig soll von dunkelgrünen und blauen Schimmeladern durchzogen sein und marmoriert wirken. Er krümelt leicht, ist dabei jedoch geschmeidig und von vielen kleinen Bruch*löchern* durchsetzt. Der Geschmack von Edelpilzkäse ist pikant bis stark pikant. Deutscher Edelpilzkäse wird im allgemeinen aus Kuhmilch hergestellt und in Stücken von 2 bis 5 kg Gewicht und in Trommelform von durchweg gut 15 cm Höhe in den Handel gebracht. Er wird in drei Fettstufen angeboten:

Vollfettstufe	mindestens 48% *Trockenmasse*
	mindestens 45% *Fett i. Tr.*
Rahmstufe	mindestens 50% Trockenmasse
	mindestens 50% Fett i. Tr.

Doppelrahmstufe mindestens 55% Trockenmasse
mindestens 60% Fett i. Tr.

Bekannte ausländische Sorten sind der *Roquefort, Bleu d'Auvergne* und *Bleu de Bresse* (Frankreich), *Gorgonzola* (Italien) sowie *Danablu* und *Mycella* (Dänemark), *Cheshire blue* und *Stilton* (England) und *Blauwe schimmelkaas* (Bluefort) aus Holland.

Edelschimmelkäse. *Weichkäse* oder *Sauermilchkäse* mit Weißschimmel. Siehe Weichkäse.

Eiweiß ist unentbehrlich für den Aufbau des menschlichen Körpers, speziell der Muskeln, aller inneren Organe, der Nerven, des Gehirns und des Rückenmarks. In allen Altersstufen findet ein ständiger Abbau und gleichzeitiger Neuaufbau der Zellen statt. Wesentlicher Baustoff dieser Zellen ist das Eiweiß, auch Protein genannt. Weder Fette noch Kohlehydrate vermögen die Funktion des Eiweiß zu übernehmen.

Der erwachsene Mensch benötigt pro Kilogramm Körpergewicht etwa 1 g Protein, also etwa 70 g pro Tag, von denen 30 bis 40 g tierisches Eiweiß sein sollten. Bei Schwangeren, stillenden Müttern, Jugendlichen und alten Leuten steigt der Bedarf auf das Zwei- bis Dreifache.

Käse enthält das konzentrierte Eiweiß der Milch, das wertvolle Kasein, Lactalbumin und Lactoglubin. Er hat mehr Eiweißanteile als Fleisch, Fisch und Eier und ist darüber hinaus ein äußerst preiswerter Träger tierischen Eiweißes: Gängige Käsesorten haben einen Eiweißanteil von 19% (Magerquark) bis zu 37% (Harzer). Das Eiweiß ist aus 18 verschiedenen Aminosäuren aufgebaut. Zehn davon vermag der menschliche Organismus aus anderen Verbindungen selbst aufzubauen. Bei den acht sogenannten »essentiellen Aminosäuren« dagegen ist dies nicht möglich. Sie müssen dem Menschen unbedingt mit der Nahrung zugeführt werden. Im pflanzlichen Eiweiß aber sind einige dieser lebenswichtigen Säuren nur in geringen Mengen enthalten. Mit seinem Gehalt an Glutaminsäure, Histidin, Isoleucin, Lysin und Methionin ist Käse eine ideale Ergänzung zu Kartoffeln, Gemüse, Reis, Teigwaren und Brot.

Eiweißquark siehe *Quark.*

Elbo. Dänischer *Festkäse* von ausgesprochen mildem Geschmack. Er wird in einer rechteckigen Brotform produziert, in etwa 5,5 kg schweren Laiben, die 15 cm breit und hoch und 32 cm lang sind. Abweichende Gewichte bis 3 kg nach unten und 8 kg nach oben sind keine Seltenheit.

Die Rinde ist trocken und gelb. Sie kann mit einem gelben oder roten Überzug aus Paraffin versehen werden. Die Konsistenz ist fest, aber noch einem Schnittkäse entsprechend, mit gelber bis weißer Käsemasse, die von einer geringen Anzahl regelmäßiger *Löcher* in Erbsengröße durchsetzt ist.

Elbo wird in drei Fettstufen hergestellt: 45, 40 und 30% Mindestfettgehalt in der *Trockenmasse (Fett i. Tr.)*. Ihre Kennzeichnung ist 45+, 40+ und 30+.

Emmentaler. Bekanntester Käse aus der Schweiz und ihr wichtigster Exportkäse. Zum Verdruß der Schweizer wird Emmentaler oder besser Käse in emmentaler Art heute in vielen Ländern hergestellt, so daß der echte Emmentaler aus der Schweiz durch die Bezeichnung »SWITZERLAND«, rot auf die Rinde oder die Packung aufgebracht, kenntlich gemacht wird. In anderen Ländern hergestellter Emmentaler trägt teilweise als Zusatzbezeichnung den Namen des Erzeugerlandes oder der Gegend, z. B. *Allgäuer Emmentaler**.

Der Emmentaler stammt aus dem Emmental, einem lieblichen Hügelland unweit von Bern, der Hauptstadt der Schweiz, einer Landschaft voller saftiger Wiesen und Weiden. Die meisten Emmentaler Käsereien entstanden um 1800, aber schon lange vorher war Emmentaler Käse geschätztes Zahlungs- und Tauschmittel. Er wurde Symbol für schweizerischen Käse und Käse schlechthin.

Zunächst wurde der Käse nur auf den Almen hergestellt und zu Tal getragen; die runden Laibe durften nicht mehr als 40 bis 50 kg wiegen. Doch dann steigerte man sich zu wahrer Gigantomanie: Wagenradgroße Laibe, bis zu 140 kg schwer, kamen aus dem Emmental. Heute wiegt ein Laib Emmentaler durchschnittlich 80 kg.

Emmentaler hat eine goldgelbe bis bräunliche glatte Rinde. Die *Reifung* dauert mindestens vier Monate. Dabei werden die flachrunden Laibe, die schon nach der Ausformung ein bis zwei Tage in einem Salzwasser-Bad gelegen haben, ein- bis zweimal wöchent-

* Der größte Hersteller von Emmentaler ist heute Frankreich. Er wird in der Franche-Comté, in Savoyen, in der Bourgogne, in den Charentes und in der Bretagne hergestellt.

lich feucht abgerieben, umgedreht und auf frische trockene Holzdeckel gelegt. Die ersten 10 bis 14 Tage lagern sie im kühlen Salzkeller, später in einem Gärkeller mit einer Temperatur von 20 bis 28 Grad Celsius. Das Heben und Wenden wird in großen Käsereien heute von modernen Maschinen erledigt.
Der Teig ist geschmeidig und elastisch mit möglichst gleichmäßig verteilten kirschengroßen *Löchern.* Der Geschmack muß mild und aromatisch sein, an Nüsse erinnernd.
Vollreife tritt nach etwa sieben bis zehn Monaten ein. Dann enthalten die Löcher manchmal sogar einen Tropfen Salzwasser, den der Fachmann Träne nennt.
Die deutsche Käse-Verordnung bestimmt, daß Emmentaler nur aus roher, also nicht pasteurisierter Kuhmilch hergestellt werden darf, ausschließlich in der Vollfettstufe mit mindestens 62% *Trokkenmasse.* Die Laibe sollen ein Gewicht von 40 bis 130 kg haben, der in den Handel kommende Käse muß mindestens drei Monate alt sein.
Mit seinem hohen Gehalt an *Trockenmasse* gehört der Emmentaler zu den *Hartkäsen* und ist relativ lange (bis zu 14 Tagen) im Haushalt haltbar. Er ist ein vorzüglicher Tafelkäse und darf auf keiner *Käseplatte* fehlen. Auch als Reib- und Kochkäse wird er geschätzt, zieht allerdings in heißen Gerichten Fäden. Dabei ist zu beachten, daß mittelreife bis reife Stücke schneller zerschmelzen. Sie bilden beim Überbacken eine goldbraune Kruste, unter welcher der Käse weich zerschmilzt. Für *Fondue* kommt nur vollreifer Emmentaler in Betracht.

Emmentaler Käserösti
Ein Rezept aus dem Bauernhaus.
Zutaten für 4 Personen: 1 kg in der Schale gedämpfte Kartoffeln, 100 g Butter, 150 g Emmentaler (für ein original schweizerisches Rezept selbstverständlich mit dem Aufdruck SWITZERLAND), Salz, Pfeffer.
Die Kartoffeln pellen und grob raffeln. Mit Salz und einer Prise Pfeffer würzen. In einer großen Bratpfanne in der Butter langsam braten, dabei öfter wenden. Nach einer Viertelstunde werden 100 g geriebener Emmentaler mit den Rösti vermischt. Das Ganze drücken Sie in der Pfanne zu einem flachen Kuchen zusammen, belegen ihn mit 50 g in Scheiben geschnittenem Käse und lassen ihn in der Pfanne weiter braten, bis der Käse zerfließt.
Allerdings werden Sie bei dieser einfachen Art der Zubereitung nicht die knusprig-braune Oberfläche der Rösti erzielen, wie sie

auf bebilderten Rezepten und in guten Restaurants zu sehen ist. Erfahrene Praktiker stürzen die Rösti, wenn sie sie aus der Pfanne nehmen, einfach um, oder haben den flachen Kuchen schon während des Bratens (bevor die Käsescheiben aufgelegt wurden) einmal gewendet.

Emmentaler Käserösti schmeckt herrlich zu Salat und gegrilltem Fleisch.

Englische Käse-Pastete

Zutaten für den Pastetenteig: 240 g Mehl, 1 Prise Salz, 60 g Schweineschmalz, 60 g Margarine.

Zutaten für die Füllung: 150 g Californische Rosinen, 100 g geriebenen Käse, 1 großes Ei, 1 bis 2 Eßlöffel Milch, Salz und Pfeffer. Als Käse wird Cheddar empfohlen, bei uns mag es Emmentaler tun.

Mehl und Salz sieben und mit dem Fett vermengen. Mit etwas Wasser zu einem halbfesten Teig kneten. Diesen in zwei etwa gleich große Teile teilen. Die eine Hälfte zum Backen ausrollen, in eine gefettete Springform legen und einen hohen Rand andrücken. Dann die Füllung schichtweise in die Form geben: Zuerst die Hälfte der Rosinen, dann die Hälfte des Käses, darauf das mit den Gewürzen und der Milch verschlagene Ei (etwas zurücklassen!), schließlich die restlichen Rosinen und den restlichen Käse. Als Deckel wird die zweite ausgerollte Hälfte des Teigs darübergegeben. Die Kanten gut andrücken. Mit dem Rest des geschlagenen Eis überpinseln und bei mittlerer Hitze (200 Grad Celsius) etwa 40 Minuten backen.

Die Käse-Pastete soll warm serviert werden. Sie schmeckt köstlich zu Wein. In Amerika benutzt man statt der Springform mehrere kleine Törtchenformen.

Englische Käsesorten. Sie sind selten auf dem Kontiment, aber vielleicht wird sich das im Zuge der weiteren wirtschaftlichen Verflechtung Europas ändern. Doch der Leser wird spätestens anläßlich eines Urlaubs in England (der sich steigender Beliebtheit erfreut) selbst Gelegenheit haben, die Sorten zu probieren, die man in England »die neun großen« nennt:

Caerphilly,
Cheddar,
Cheshire,
Derby,
Double Gloucester,

Lancashire,
Leicester,
Stilton,
Wensleydale.

Dabei ist es schwer, Gruppen daraus zu bilden, denn England kennt für seine Käsesorten nicht die übliche Einteilung in *Hartkäse, Schnittkäse, Weichkäse* usw. Man darf davon ausgehen, daß die acht zuerst genannten Hart- und Schnittkäse im Sinne der deutschen Käse-Verordnung sind und der Wensleydale ein *Weichkäse* vom *Edelschimmel*typ in der Art des *Camembert* ist. *Frischkäse* werden einfach cream cheese genannt.

Die englischen Käsesorten zeichnen sich durch pikanten Geschmack aus. Sie werden in ihrem Heimatland zu allen Gelegenheiten und in Verbindung mit vielerlei anderen Lebensmitteln gegessen, wie wir es oft nicht kennen: Zum Wensleydale gehören Äpfel oder Applepie, ein englischer Apfelkuchen.

Was die Zuordnung von Getränken zu den einzelnen Käsesorten betrifft, so haben die Engländer da ganz bestimmte Vorstellungen:

Caerphilly = trockener Madeira, trockener Sherry, Weißwein oder herber Rosé.
Cheddar = vollmundiger körperreicher Rotwein.
Cheshire = leichter Rotwein oder herber Weißwein; zum blauen Cheshire Portwein.
Derby = herzhafte Rotweine.
Lancashire = Sherry und Madeira (nicht trocken).
Leicester = leichter Rotwein.
Stilton = Portwein oder vollmundiger körperreicher Burgunder; zu weißem Stilton leichter Rotwein oder herber Weißwein.
Wensleydale = leichter Burgunder.

Und ebenso klare Vorstellungen hat man in England von der Zusammenstellung einer englischen Käseplatte:

Für 10 Personen je 125 g der neun »großen« englischen Käsesorten (wie oben angeführt),
pro Person ½ Flasche Tischwein und noch einmal die Hälfte davon Dessertwein (Madeira, Sherry, Portwein usw.),
verschiedene Brotsorten,
250 g Butter,
Kartoffelchips,
und ein gemischter Salat aus 2 Köpfen grünem Salat, 150 g Chicorée, 1 Salatgurke, 500 g Tomaten, 150 g Radieschen, 1

Knolle Sellerie und etwas Kresse. Salatsoße nach eigener Wahl.

Im Zuge moderner Vertriebsmethoden gewinnt neben den üblichen Käselaiben der rindenlose Block als Form zunehmend an Bedeutung. Er wird in viereckige und spitze Portionen geteilt, die in Folie verpackt zum Verkauf kommen.

Weitere Auskünfte über englischen Käse gibt – allerdings nur in englischer Sprache: The English Country Cheese Council, 5–7 John Princes Street, London W 1.

English Cheddar siehe *Cheddar.*

Epoisses. Dieser weiche Käse aus der Bourgogne (Frankreich) wird aus der Milch einer bestimmten Kuhrasse (pie rouge de l'Est) hergestellt. Er ist oft mit schwarzem Pfeffer, Fenchel oder Nelken gewürzt.

Erzeugnisse aus Käse. Oberbegriff, der seit 1975 in der deutschen »Käse-Verordnung« die *Schmelzkäse, Käsezubereitungen* und Schmelzkäsezubereitungen zusammenfaßt.

Esrom ist ein dänischer *halbfester Käse* aus der Klosterstadt Esrom auf Seeland, der in Konsistenz und Geschmack etwa dem deutschen *Butterkäse* entspricht (daneben gibt es auch einen Deutschen Esrom). Esrom wird in ziegelförmigen Laiben in den Handel gebracht, 1 bis 1,4 kg schwer und meist in Silberfolie verpackt. Größen unter 1 kg werden als »Mini-Esrom« bezeichnet. Er reift schnell und kann deshalb nur relativ kurze Zeit im Haushalt lagern. Die Rinde ist dünn und oft fettig, gelbbraun bis rotbraun. Die weiche, aber noch schneidbare Käsemasse soll hellgelb bis weißlich sein, mit einer beschränkten Anzahl unregelmäßiger Löcher, die die Größe eines Reiskornes haben. Der Geschmack ist mild, aber doch pikant und aromatisch. Esrom kann auch mit einem Paraffinüberzug angeboten werden. Er wird in zwei Fettstufen hergestellt: Mit 45 und 60% Mindestfettgehalt in der *Trockenmasse (Fett i. Tr.).* Die Bezeichnung ist 45+ und 60+.

Extra belegen. Bezeichnung für holländischen Käse, der etwa sieben Monate alt ist. Siehe *Leeftijden.*

Fabriekskaas. Holländische Bezeichnung für in Molkereien aus pasteurisierter Milch hergestellten Käse im Gegensatz zum Boerenkaas (Bauernkäse).

Farmerfondue. *Neben Brotwürfeln (siehe Stichwort Fondue) werden zu diesem Fondue auch Würfel aus Wurst, Perlzwiebeln und Cornichons serviert. Diese Beigaben brauchen nicht auf die Fonduegabel gesteckt zu werden. Sie können auch zwischen zwei Fonduehappen gegessen werden.*

Festkäse hat bei dänischem Käse dieselbe Bedeutung wie in der Deutschen Käseverordnung der Begriff *Schnittkäse.* Dänische Festkäse sind

Danbo,
Elbo,
Fynbo,
Maribo,
Mini Fynbo,
Mini Samsø,
Molbo,
Mynster,
Samsø,
Tropen-Fynbo,
Tybo.

Halbfeste Schnittkäse haben die Bezeichnung *»Halbfester Käse«.*

Fetakäse siehe *Dänischer Fetakäse.*

Fett, Fettkäse, Fettstufe siehe *Fett i. Tr.*

Fett i. Tr. (Fettgehalt oder Fett in der *Trockenmasse*). Bei Käse wird der Fettgehalt nicht in seinem Verhältnis zum Gesamtgewicht, sondern als Prozentsatz der Trockenmasse angegeben. Der Fettgehalt des Käses ist also nur durch eine – allerdings einfache – Rechenaufgabe zu ermitteln:

$$\frac{\text{Anteil der Trockenmasse} \times \text{Fett i. Tr.}}{100} = \textit{Fettgehalt}$$

Zwei Beispiele: 100 g Emmentaler mit 45% Fett i. Tr. und 65% Trockensubstanz enthalten 31 g Fett. 100 g Camembert mit 30% i. Tr. und 41% Trockensubstanz enthalten 13 g Fett.
Die deutsche Käse-Verordnung unterscheidet folgende Fettstufen:

Magerstufe	weniger als	10% Fett i. Tr.
Viertelfettstufe	mindestens	10% Fett i. Tr.
Halbfettstufe	mindestens	20% Fett i. Tr.
Dreiviertelfettstufe	mindestens	30% Fett i. Tr.
Fettstufe	mindestens	40% Fett i. Tr.
Vollfettstufe	mindestens	45% Fett i. Tr.
Rahmstufe	mindestens	50% Fett i. Tr.
Doppelrahmstufe		60–85% Fett i. Tr.

Anders sind die Vorschriften in der Schweiz:

magerer Käse	unter	15% Fett i. Tr.
viertelfetter Käse	mindestens	15% Fett i. Tr.
halbfetter Käse	mindestens	25% Fett i. Tr.
dreiviertelfetter Käse	mindestens	35% Fett i. Tr.
vollfetter Käse	mindestens	45% Fett i. Tr.
Rahmkäse	mindestens	55% Fett i. Tr.
Doppelrahmkäse	mindestens	65% Fett i. Tr.
Rahmquark	mindestens	50% Fett i. Tr.
Doppelrahmquark	mindestens	60% Fett i. Tr.

Das Milchfett enthält Fettsäuren wie Buttersäure, Linolsäure, Stearinsäure sowie Haupt- und Minor-Fettsäuren und Lipoide (fettähnliche Stoffe) wie Lecithin, Glycerin, Cholin, Cholesterin, Vitamin D3. Weiterhin sind im Fett die fettlöslichen Vitamine A, D, E und K enthalten.

Fettstufen siehe *Fett i. Tr.*

Fin de Siècle. Runder, fettreicher Käse aus der Normandie, aus Kuhmilch hergestellt.

Fines-herbes suisse. Schweizerische, dem Camembert verwandte Spezialität. Der Schimmelpilz ist mit Kräutern gewürzt.

Fiore sardo. Wörtlich übersetzt bedeutet das »Sardinischer Rahm«, und man sollte meinen, daß es sich dabei um einen *Frischkäse* handelte. Doch ist es ein *Hartkäse* aus Schafmilch mit mindestens 40% Fett in der *Trockenmasse (Fett i. Tr.)*, der also noch nicht einmal einen besonders hohen Fettgehalt hat. Fiore sardo kommt wie viele andere italienische Käsesorten sowohl als Tischkäse als auch als Reibekäse zum Verkauf. Ersterer hat eine *Reifungszeit* von nicht mehr als 3 Monaten, letzterer ist mindestens 6 Monate alt. Übrigens darf Fiore sardo nicht nur auf Sardinien hergestellt werden, theoretisch könnte er aus irgendei-

nem Teil Italiens komen.
Der Käse kommt in 1,5 bis 4 kg schweren Laiben zum Verkauf. Ihre Form entspricht einem aufrecht stehenden, abgeflachten Doppelkegel, die Rinde ist gelb mit einem dunkelbraunen Überzug; die Käsemasse wird als weiß bis strohfarben beschrieben, der Geschmack ist mild bis leicht pikant, je nach dem Reifestadium.

Flambiertes Fondue siehe *Fondue flambée.*

Fleurs des Alpes siehe *kaltgereifte Käse.*

Fondu au marc. Schmelzkäse aus Savoyen (Frankreich), der von Kernen ausgepreßter Trauben umgeben ist.

Fondue*. *Aus der Westschweiz stammendes schweizerisches Nationalgericht. Fondue-Liebhaber versammeln sich allwöchentlich einmal unter dem Spruch »Fondue isch guet und git e Gueti Lune« um den im Caquelon, einem irdenen Topf, köchelnden Käse.*
Zum Käse-Fondue, das wir hier – im Gegensatz zum Fleisch-Fondue (Fondue bourguignonne) – ganz einfach Fondue nennen wollen, brauchen Sie
ein Rechaud (Spirituskocher),
ein Caquelon (niedriger Keramiktopf),
für jeden Teilnehmer eine lange Fonduegabel
und möglichst eine Pfeffermühle.
Diese Geräte bekommen Sie in allen Haushaltwarengeschäften und in besseren Kaufhäusern.
Das Grundrezept lautet:
Der Caquelon wird mit einer Knoblauchzehe ausgerieben. Für vier Personen werden 400 g Greyerzer und 200 g Emmentaler oder Freiburger Vacherin fein gerieben. (Allerdings soll nicht verschwiegen werden, daß es auch fertige Fonduemischungen in Packungen gibt, die nur noch erhitzt werden müssen.) Der Käse wird mit 2 bis 3 gestrichenen Teelöffeln Mehl oder Maizena vermischt und mit 3 dl spritzigem Weißwein und einem Teelöffel Zitrone in den Caquelon gegeben. Setzen Sie das Gefäß zunächst auf Ihren Herd und erhitzen Sie das Fondue unter kräftigem Rühren bis zum Aufkochen. Nun wird ein Gläschen Kirschwasser dazugegeben und mit etwas Pfeffer und evtl. auch Muskat ge-

* In Frankreich wird Schmelzkäse Fromage fondu genannt, was natürlich mit dem schweizerischen Nationalgericht nichts zu tun hat. Dieser Käse ist nicht zum Schmelzen bestimmt, sondern wurde geschmolzen.

würzt. Sobald das Fondue kocht, setzen Sie den Caquelon auf den Spirituskocher auf den Tisch. Für jeden Esser haben Sie inzwischen 150 g Brotwürfel vorbereitet. Der Schmaus kann beginnen.

Während nun Sie und Ihre Gäste Brotbrocken in das Fondue tauchen, soll die Masse fröhlich weiterköcheln. Jeder sollte mit seinem Brotwürfel an der Gabel möglichst kräftig umrühren. So bleibt das Fondue sämig bis zum Schluß.

Ist das Fondue zu dick, so rühren Sie in die kochende Masse etwas erwärmten Wein oder – falls es sich um eine ausschließlich aus Erwachsenen bestehende Tischrunde handelt – Kirsch. Ist es dagegen zu dünn, so hilft es, wenn Sie eine Handvoll geriebenen Käse nachschütten oder etwas in Weißwein angerührtes Mehl dazumischen.

Erfahrene Fondueköche haben ihre kleinen Geheimnisse. Die unterschiedlichen Ansichten beginnen bereits bei der Behandlung des Käses. Da behaupten die einen, er dürfe nur grob geraffelt oder in Scheiben geschnitten sein, während die anderen auf pulverfein geriebenen schwören. Umstritten ist ebenso, ob der Wein kalt oder erwärmt dem Käse beigegeben werden soll und ob der Kirsch – als Krönung des Ganzen – gleich zusammen mit dem Wein oder wie bei unserem Grundrezept erst nach dem Aufkochen zuzusetzen ist. Einig ist man sich allerdings darüber, daß beim Einkauf auf ausgereiften, gut schmelzenden Käse geachtet werden muß.

Meist wird zum Fondue Weißwein getrunken, doch ist ein Abweichen von der Regel erlaubt. In der Schweiz ist Tee als Getränk zum Fondue beliebt und überall ein Kirsch zu Beginn und zwischendurch. Als Brot wird ein kräftiges Weißbrot mit viel Rinde bevorzugt, zum Beispiel Pariserbrot. Aber auch Vollkornbrot hat seine Freunde. Und für den empfindlichen Magen tut es auch geröstetes Toastbrot.

Bieten Sie ihren Gästen Bündnerfleisch an, um die Wartezeit bei einem ersten Glas Wein zu verkürzen. Phantasievolle Fondueköche reichen neben den Brotwürfeln auch Stücke von Birne und Ananas, die allein oder zusammen mit Brotbrocken in den Käse getaucht werden können.

Zum Fondue lädt man Freunde ein, denn man mag nicht mit jedermann aus einem Topf essen, doch gerade dadurch kommen sich die Fondue-Esser näher, entsteht eine Tafelrunde, wie sie nur Fondue-Esser kennen.

Gern wird die Fonduemasse noch durch besondere Zutaten gewürzt:

Estragon-Wein. *Ein paar Blätter Estragon zwei bis drei Tage in*

einer Flasche Fonduewein ziehen lassen.
Kümmel *wird entweder in die Fonduemasse gegeben oder steht auf dem Tisch zum Nachwürzen eines jeden Brockens bereit.*
Pilze. *Zerreiben Sie gedörrte Pilze, die sie notfalls selbst noch auf dem warmen Ofen nachgetrocknet haben. Mischen Sie 50 g so gewonnenes Pilzpulver mit einem halben Löffel Muskatblüte, einer Prise Muskatnuß und Ingwer und würzen Sie die einzelnen Brocken nach Belieben damit.*
Tomatenmark *können Sie ganz einfach in das Fondue geben, wenn die Zeit für ein richtiges Tomatenfondue nicht reicht. Versuchen Sie einmal, dazu mit Basilikum zu würzen.*
Neben den nachstehend aufgeführten schweizerischen Fondue-Spezialitäten sind in diesem Buch noch die folgenden Fondue-Rezepte jeweils alphabetisch eingeordnet abgedruckt:

Farmerfondue
Freiburger Fondue au Vacherin
Genfer Fondue
Glarner Fondue
Gomser Fondue
Greyerzer Schloßfondue
Herrenfondue
Innerschweizer Fondue
Kräuter-Fondue
Moitié-Moitié
Neuenburger Fondue
Ostschweizer Fondue
Pink Fondue
Schabziger-Fondue
Tessiner Fondue
Tomaten-Fondue
Waadtländer Fondue

Neben diesen Zubereitungsarten, die alle auf dem Grundrezept basieren, gibt es eine ganze Reihe weiterer Rezepte von Gerichten, die der echte Fondue-Fan gar nicht als Fondue angesprochen haben möchte. Es sind keine »richtigen« Fondues, weil ihnen ganz bestimmte Merkmale fehlen. Sei es nun, daß statt des Weißbrotes Fleisch in den Käse getaucht wird, sei es, daß statt des Weißweins eine weiße Sauce zur Verwendung kommt oder gar Bier. Die meisten von ihnen sind geographisch bedingte Abwandlungen, die sich daraus ergaben, daß man z. B. selbst in Holland und England Fondue zubereitete, ohne dabei die originalen schweizerischen Zutaten benutzen zu können. Trotzdem sollten Sie die nachste-

henden Rezepte einmal nachschlagen. Vielleicht schmeckt Ihnen doch das eine oder andere davon, wenn es auch kein »richtiges« Fondue ist.

Beefburger-Fondue
Bier-Fondue
Fondue nach Hausfrauenart
Holländisches Käse-Fondue
Italienisches Käse-Fondue
Quark-Fondue
Tilsiter Käse-Fondue

Fondue à la ciboulette. *Verfahren Sie nach dem Grundrezept (Stichwort Fondue). Dann mit Pfeffer, Cayenne und einem Eßlöffel Senf würzen und vor dem Auftragen reichlich mit fein gehacktem Schnittlauch bestreuen.*

Fondue à la diable. *Das nach dem Grundrezept (Stichwort Fondue) hergestellte Neuenburger Fondue wird reichlich mit schwarzem Pfeffer und Cayenne gewürzt. Stellen Sie ausreichend Getränke bereit, denn Fondue à la diable gibt Durst.*

Fondue à l'ail. *Verfahren Sie nach dem Grundrezept (Stichwort Fondue). Mit reichlich beigegebenen Knoblauchscheiben oder dem ausgepreßten Saft von 2 bis 3 Knoblauchzehen würzen.*

Fondue à la mode. *So wird ein Fondue au Dill genannt, wenn es mit Scampi serviert wird.*

Fondue à la Périgueux. *Verfahren Sie nach dem Grundrezept (Stichwort Fondue), doch geben Sie statt des Kirschs ein Gläschen Marc (französischer Trester-Branntwein) hinzu. Pro Person gehört zum fertigen Fondue ½ schwarze Trüffel, gehackt oder in Blättchen geschnitten, in den Caquelon.*

Fondue à la Périgueux en Grand Gala. *Dieses ist das stimmungsvollste unserer Fondue-Rezepte. Die benötigten Käsesorten werden Sie allerdings außerhalb der Schweiz kaum bekommen, so daß Sie sich das Rezept als Höhepunkt Ihrer nächsten Schweizreise vormerken sollten.*
Halten Sie sich zunächst an das Grundrezept (Stichwort Fondue). Allerdings sollten Sie dazu 400 g Greyerzer, 100 g Vacherin à Fondue und 100 g Walliser Bergkäse verwenden. Am Tisch gießen

Sie 2 Gläschen erwärmten Marc (französischer Trester-Branntwein) darüber und zünden sie an. Danach streuen Sie blättrig geschnittene schwarze Trüffeln, aus denen Sie mit Garnierförmchen Glücksfiguren ausgestochen haben, über das Fondue.

Fondue à la Piémontese. *Verfahren Sie nach dem Grundrezept (Stichwort Fondue), doch geben Sie statt des Kirschs ein Gläschen Marc (französischer Trester-Branntwein) hinzu. Pro Person gehört zum fertigen Fondue ½ weiße Trüffel, gehackt oder in Blättchen geschnitten, in den Caquelon.*

Fondue au champagne. *Zu insgesamt 600 g Käse geben Sie statt des Weines 3 dl Sekt (siehe auch Stichwort Fondue). Oder versuchen Sie es einmal mit 2 dl Weißwein und der Zugabe eines Glases leicht erwärmten Sektes zum fertigen Gericht.*

Fondue au curry. *Fondue nach dem Grundrezept (Stichwort Fondue) würzen Sie kräftig mit Curry. Hinter den Brotwürfeln wird Mango Chutney, ein indisches Würzkompott, das sie fertig kaufen können, aufgespießt.*

Fondue au dill. *Reiben Sie den Caquelon mit einer Knoblauchzehe aus und erhitzen Sie unter ständigem Rühren darin 600 g geriebenen Greyerzer (von verschiedenen Käselaiben), 3 dl säuerlichen Apfelwein und 4 gestrichene Teelöffel Mehl oder Maizena. Geben Sie tüchtig Dill mit hinein und nur etwas Kirsch, um den Geschmack des Gewürzes nicht zu überdecken. (Siehe auch Stichwort Fondue.)*

Fondue aux chanterelles. *Bereiten Sie ein Fondue nach dem Grundrezept (Stichwort Fondue). Diesem sollen pro Person 50 g Pfifferlinge (Eierschwämme) beigegeben werden, die Sie wie folgt vorbereiten: Frische Pilze putzen, waschen und in einem Pfännchen zugedeckt dämpfen, bis sie Saft ziehen. Diesen abgießen und die Pilze noch einmal mit etwas Butter und gehackter Zwiebel durchdämpfen. Dann dem fertigen Fondue zusetzen. Bei Pilzen aus der Dose den Saft abgießen und dann die Pilze wie beschrieben mit Butter und Zwiebeln dünsten.*

Fondue champêtre. *Verfahren Sie nach dem Grundrezept (Stichwort Fondue). Dann geben Sie je nach Geschmack einige in Scheiben geschnittene gefüllte Oliven, gehackte Sardellen und eine fein gehackte Knoblauchzehe dazu.*

Fondue du Patron. *Verfahren Sie nach dem Grundrezept (Stichwort Fondue). Nach der Fertigstellung feingehackte Petersilie, Estragon und Dill beigeben, sowie 50 g im eigenen Fett geröstete Schinkenwürfel.*

Fondue flambée. *Bereiten Sie das Grundrezept zu (Stichwort Fondue). Wenn die Käsemasse nach dem Auftragen wieder auf dem Rechaud kocht, geben Sie ein mittleres Glas Kirsch darüber und zünden ihn – wenn er nach etwa einer Minute genügend erhitzt ist – an. Besonders feierlich ist es, wenn Sie während des Flambierens das Licht ausschalten.*

Fondue formidable. *Verfahren Sie nach dem Grundrezept (Stichwort Fondue). Dann wird statt mit Kirsch mit Williamine (notfalls einem anderen Branntwein aus Birnen) abgeschmeckt. Würfel von frischen geschälten Birnen werden hinter die Brotbrocken auf die Fonduegabeln gesteckt.**

Fondue Hermitage. *Es ist eins der Fondues für »gehobene Ansprüche«, das allerdings auch den Aufwand lohnt. Es wird ohne Bindemittel hergestellt, und deshalb ist es besonders wichtig, daß mit jedem Brocken kräftig gerührt wird. Man tut gut daran, den Schneebesen in Reichweite zu halten, um gleich zur Stelle zu sein, wenn das Fondue scheiden sollte.*
Der Caquelon wird mit Knoblauch ausgerieben und darin 4 dl ganz trockener herber Weißwein auf die Hälfte eingekocht. Nun geben Sie ein nußgroßes Stück Butter, 200 g in feine Scheiben geschnittenen Walliser Alpkäse und 200 g geriebenen Greyerzer dazu und lassen das Ganze unter ständigem Rühren aufkochen. Mit einem Glas Marc (französischer Trester-Branntwein) und etwas weißem Pfeffer wird abgeschmeckt.
Das Rezept ist für 4 Personen bestimmt.

Fondue mit Birnen siehe *Fondue formidable.*

Fondue mit Kartoffeln (Pellkartoffeln, Schalenkartoffeln) siehe *Greyerzer Schloß-Fondue.*

Fondue mit Knoblauch siehe *Fondue à l'ail.*

Fondue mit Pilzen siehe *Fondue aux chanterelles.*

* Dieses Fondue wurde von Vico Torriani im Fernsehen kreiert.

Fondue mit Schnittlauch siehe *Fondue à la ciboulette.*

Fondue mit Trüffeln siehe *Fondue à la Périgueux* und *Fondue à la Piémontese.*

Fondue mit Zwiebel siehe *Fondue soubise.*

»Fondue« nach Hausfrauenart. *Die Anführungsstriche sind auf die Intervention schweizerischer Freunde zurückzuführen, hier handele es sich gar nicht um ein »echtes« Fondue. Vielmehr solle man solch ein Gericht als »Käseschmaus« oder so ähnlich bezeichnen. Wie auch der Name lautet, wir hoffen, daß es Ihnen schmeckt:*
2 dl weiße Sauce – die Sie fertig bei Ihrem Lebensmittelhändler erstehen können – werden im Caquelon erhitzt und unter ständigem Rühren mit 400 g geriebenem Greyerzer und 1 dl Sahne vermischt und aufgekocht. Geben Sie unter weiterem Rühren langsam 1 dl herben Weißwein und 1 Gläschen Kirsch dazu. Nun mit viel weißem Pfeffer und etwas Muskat abschmecken.
Das Rezept ist für 4 Personen bestimmt.
Wollen Sie die weiße Sauce selbst herstellen und sich – wie es viele Hausfrauen haben – einen Vorrat davon anlegen, so beachten Sie das folgende Rezept.
Zutaten: 100 g Butter, 20 g Mehl, 2 Eigelb, Saft einer Zitrone, Salz, Pfeffer. – Lassen Sie in einer Kasserolle etwa 30 g Butter schmelzen und mischen Sie die 20 g Mehl darunter. Das Ganze darf nicht kochen. Nun gießen Sie ¼ l heißes Wasser darüber und rühren Salz, gemahlenen Pfeffer und 2 Eigelb unter. Die Mischung muß mit dem Schneebesen geschlagen werden, bis sie aufkocht. Nehmen Sie die Kasserolle vom Herd und ziehen Sie die restliche Butter unter. Am Schluß, ohne erneut zu erhitzen, mit Zitronensaft abschmecken.

Fondue riche. *Für das nach dem Grundrezept (Stichwort Fondue) zubereitete Fondue nehmen Sie pro Person nur 100 g Greyerzer und ½ dl Weißwein. Das Fondue wird mit etwas Obstwasser (zum Originalrezept gehört Marc, ein französischer Trester-Branntwein) abgeschmeckt. Dazu gehören*
eingelegte Maiskölbchen,
schwarze und gefüllte Oliven,
Champignonköpfe aus der Dose,
gedämpfte Würfel von Auberginen und
gebratene und aufgerollte Speckscheiben.

Diese Happen werden zusammen mit Brotbrocken oder allein auf die Fonduegabeln gespießt und in das Fondue getaucht oder zwischen zwei Käsehappen gegessen.

Fondue soubise. *Ein nach dem Grundrezept (Stichwort Fondue) hergestelltes Neuenburger Fondue wird mit einer großen, fein gehackten und im eigenen Saft gedämpften Zwiebel gewürzt, Muskatnuß und Cayenne werden hinzugegeben. Versuchen Sie einmal, dem fertigen Fondue braun geröstete Zwiebeln beizugeben.*

Fonduta. *Italienische Form des Fondue unter Verwendung von Fontina. Feinschmecker geben den geraffelten Käse (ca. 500 g) in ¼ l heiße Milch. Später werden 4 in 2 dl Weißwein verquirlte Eier zugesetzt und feingehackte weiße Trüffel.*

Fontina. Ein *Hartkäse* aus Kuhmilch, der in Italien hergestellt wird. Er entspricht weitgehend dem *Greyerzer,* doch ist er etwas sahniger und säuerlich im Geschmack.
Fontina darf nur – so bestimmt es das italienische Gesetz – im Aostatal hergestellt werden. Er kommt in zylindrischen Laiben zum Angebot, ihr Gewicht liegt zwischen 8 und 18 kg bei einer Höhe von 7 bis 10 cm und einem Durchmesser von 30 bis 45 cm. Die Rinde ist geschlossen, etwa 2 mm dick und umschließt einen elastischen, beinahe weichen Teig mit wenigen Löchern. Er soll strohfarben sein und – mit mildem Geschmack – im Munde zergehen. Der Fettgehalt in der *Trockenmasse (Fett i. Tr.)* ist 45%. Siehe auch *Dänischer Fontina.*

Formaggio. Italienische Bezeichnung für Käse.

Französische Käse. Frankreich hat mehr als 200 Käsesorten. Ist diese Zahl hier und da höher angesetzt, dann liegt das an den vielen, sich nur gering voneinander unterscheidenden bäuerlichen Käsebereitungen rein lokalen Charakters, die im nationalen Rahmen oder gar beim Export keine Rolle spielen. Rationalisierung bei der Herstellung und Vermarktung von Käse läßt die Zahl der Sorten schrumpfen.
Frankreich wird allgemein als das Land der *Weich-* und *Frischkäse* angesehen, wie der *Hartkäse* zum Symbol der Schweiz geworden ist. Dabei wird nicht zur Kenntnis genommen, daß Frankreich der

größte Produzent von *Emmentaler* ist, der allerdings kein »echter Emmentaler« ist. Doch die köstlichsten französischen Käsespezialitäten – das steht außer Zweifel – sind fettreiche halbfeste und Weichkäse, vom *Roquefort* über den *Camembert* und *Brie* bis zu den in phantasiereichsten Kombinationen angebotenen Frischkäsen. Immerhin hat Frankreich allein im Jahre 1974 44000 Tonnen Käse in die Bundesrepublik Deutschland geliefert, mehr als jeder andere Exporteur (unter denen die Holländer auf Platz 2 folgten), davon mehr als die Hälfte Weichkäse.

In den Beschreibungen einzelner französischer Käsesorten ist in diesem Lexikon jeweils angegeben, aus welcher Milch diese Käse hergestellt werden, denn im Gegensatz zu deutschen, dänischen, holländischen oder schweizerischen Käsespezialitäten sind relativ viele französische Käse aus Schaf- oder Ziegenmilch hergestellt.

In Frankreich wird der Käse auf einer Holzplatte serviert, wobei durchweg mehrere Sorten verschiedener Geschmacksrichtung und -intensität miteinander kombiniert werden. Der Kenner beginnt mit der mildesten Sorte und ißt sich bis zu den pikanten durch, die den rechten Abschluß bilden. Dabei wird der Käse nicht auf, sondern zu dem Brot gegessen und meistens auch ohne Butter.

Einige Sorten, die auch in Deutschland zu bekommen sind:

Hartkäse: Cantal, Bergkäse, Emmentaler, Gruyère de Comté; Schnittkäse: Pyrenäenkäse;*

Halbfeste Schnittkäse: *Baby-Saint-Paulin, Bleu d'Auvergne (Edelpilzkäse), Bleu de Bresse (Edelpilzkäse), Roquefort (Edelpilzkäse), Saint-Nectaire; Saint-Paulin;*

Weichkäse mit Edelschimmel: *Brie, Brie de Meaux, Camembert, Carré de l'Est, Coulommiers, Sainte-Maure, Valençay (Pyramide);* mit Rotschmiere: *Chèvre, Livarot, Munster* (Münsterkäse), *Pont l'Evêque, Reblochon;*

Frischkäse: Banon, Boursin, Demi-sel-Carré, Petit Suisse, Saint-Marcellin.

Im übrigen mögen folgende Anhaltspunkte weiterführen:

Brebis, Fromage des brebis = Lammkäse, Schafkäse
Caillebottes = Dickmilchkäse
Caillé de brebis = Dickmilchkäse aus Schafmilch
Chèvre = Käse aus Ziegenmilch
Fromage à creme = Schmelzkäse
Fromage au petit lait = Buttermilchkäse

* Die Einteilung erfolgte nach den Gruppenbezeichnungen der deutschen Käseverordnung.

Weitere Auskünfte über französischen Käse erhalten Sie – auch in deutscher Sprache – durch SOPEXA, Rathausufer 21, 4 Düsseldorf.

Freiburger Fondue au Vacherin. *Ein Fondue, das ausnahmsweise ohne Wein gemacht wird. Der dazu benötigte Käse ist außerhalb der Schweiz schwer zu bekommen und wird in erster Linie als Winterspezialität gehandelt. Merken Sie deshalb dieses Fondue für Ihren nächsten Ski-Urlaub in der Schweiz vor.*
Reiben Sie den Caquelon gut mit einer Knoblauchzehe aus und bringen Sie ihn mit 600 g in kleine Stücke geschnittenem Freiburger Vacherin à Fondue und gut 1 dl heißem Wasser aufs Feuer. Rühren Sie ständig, damit eine glatte Creme entsteht. Falls die Masse zu dick wird, fügen Sie löffelweise heißes Wasser zu. Dann geben Sie ein Stück Butter, Pfeffer, Muskat und evtl. noch etwas Salz hinzu. Das Fondue soll auf dem Tisch nicht kochen, sondern nur heiß gehalten werden. (Siehe auch Stichwort Fondue.)

Freiburger Vacherin. Schweizer *Halbhartkäse* aus dem Kanton Freiburg, wo er schon im Jahre 1448 urkundlich erwähnt wurde. Es werden zwei Sorten unterschieden, Vacherin à la Main und Vacherin à fondue.
Vacherin kommt in 7 bis 12 kg schweren, flachen, runden Laiben in den Handel. Nach 2 Monaten Lagerzeit ist er konsumreif, nach 3 bis 4 Monaten voll ausgereift, und der unregelmäßig gelochte feuchtfrische Teig ist dann unter der Rinde fast flüssig. So werden die Laibe mit Gaze oder Tannenrinde umwickelt, um ihnen mehr Festigkeit zu geben.
Das Aroma des Vacherin ist voll und stark, etwas säuerlich beim jungen Käse, und der reife Käse ist von »heftigem« Geruch. Beide Qualitäten finden als Tafelkäse Verwendung, der etwas festere Vacherin à fondue ist Grundlage des *Freiburger Fondues* und des Fondue *moitié-moitié* (halb Greyerzer, halb Vacherin). Bei solcher Verwendung reifen Vacherins sollte Käse von zwei Laiben miteinander gemischt werden.

Fribourger siehe *Freiburger.* Es handelt sich um den französisch und deutsch geschriebenen Namen der schweizerischen Stadt Fribourg, die vielfältig mit Käse (z. B. Vacherin) und Fondue in Verbindung gebracht wird.

Friese kaas (Friesischer Käse). Holländischer *Schnittkäse,* der in

zylindrischen Formen hergestellt und fast ausschließlich im Lande verkauft wird. Er hat zwei Fettstufen: 20% und 40% Mindestfettgehalt in der *Trockenmasse (Fett i. Tr.)*, mit der Bezeichnung 20+ und 40+ auf dem *Kaasmerk*.
Nach Beimischung und Herstellungsgang werden zwei Arten unterschieden: Kanterkaas und Nagelkaas.
Kanterkaas heißt übersetzt kantiger Käse. Er wird ohne Beimischung von Kräutern (»ongekruid«) in eckigen Formen hergestellt. Nagelkaas erhielt seinen Namen von den beigemischten Gewürznelken (Nägelen). Er wird mit Kümmel und Nelken verkauft.
Friesischer Käse enthält oft einen Zusatz von Buttermilch zur Käsereimilch, was auf den Geschmack Einfluß ausübt. Er wird nicht *»jong«* gegessen (siehe *Leeftijden*).

Frischkäse bestehen aus pasteurisierter Milch, die je nach der gewünschten *Fettstufe* unterschiedlich »eingestellt« ist, und evtl. zugesetzter Sahne. Sie sollen ein bis zwei Tage nach dem Kauf verbraucht sein. Es wird unterschieden zwischen: *Speisequark* (in Österreich Topfen, in Holland Kwark), *Schichtkäse, Cottage-Cheese* und *Rahmfrischkäse* (Vollrahmfrischkäse, Doppelrahmfrischkäse), sowie Quark-Zubereitungen und Cottage-Cheese-Zubereitungen.
Frischkäse sollte im Kühlschrank gelagert werden. Magere bis vollfette Sorten können direkt aus dem Kühlschrank serviert werden, Doppelrahmfrischkäse sollte sich kurz (1/4 Stunde) »akklimatisieren«. Neuerdings muß in Fertigpackungen zum Verkauf kommender Frischkäse das Herstellungsdatum oder das Mindesthaltbarkeitsdatum tragen, und zwar kann dies Datum auf den Boden des Bechers geprägt werden, wenn auf der Oberseite der Packung darauf hingewiesen wird. Die Haltbarkeit wird auf der Grundlage einer Lagerungstemperatur von 10 bis 12 Grad Celsius berechnet.
Schweizer Frischkäse: *Petit Suisse* (Rahmfrischkäse), *Double Creme Carrée* (Doppelrahmfrischkäse).
Frischkäse aus Frankreich wird unter den Sortennamen *Banon, Boursin, Demi-sel-Caré, Petit Suisse* und *Saint-Marcellin* eingeführt.
Aus Holland kommen: *Mon chou* (72+) und *Witte meikaas* (48+) – 72 bzw. 48% *Fett i. Tr.*
In England wird Frischkäse cream cheese genannt.
Italien produziert Frischkäse außerhalb der durch das Gesetz

gegebenen Vorschriften. Die bekanntesten Sorten sind der für die Pizza beliebte *Mozzarella* und *Strachino.*

Fromage. Das französische Wort für Käse. »Fromage de France« auf einer Käsepackung, mit einem blauen F auf weißem Grund, ist die Kennzeichnung hochwertigen französischen Käses und bewährter Standardsorten.

Fromage à Creme. Französischer *Schmelzkäse.*

Fromage au petit lait. Französischer Buttermilchkäse.

Fromage des brebis. Französischer Schafkäse.

Fromages fermentés. Französisch: Käse, die einen Gärungsprozeß durchgemacht haben.

Fromages frais. Französische Bezeichnung für *Frischkäse.*

Frühstück mit Käse. Dazu wird man mildere Sorten empfehlen, da Zunge und Gaumen am Morgen besonders empfindlich reagieren. Also *Edamer, Geheimratskäschen* oder *Butterkäse,* vor allen Dingen aber *Frischkäsesorten.*

Frühstückskäse. *Weichkäse* ohne Gewürzzusatz, der in runden Laibchen von 7 und 9 cm Durchmesser mit einem Gewicht von 100 bzw. 160 g hergestellt wird. Pikanter Geschmack. Die Oberfläche ist mit weißem *Edelschimmel* bedeckt.

Fynbo ist ein dänischer *Festkäse* von mild-aromatischem Geschmack. Er wird in flachen zylindrischen Laiben mit einem Gewicht von 250 g bis 14 kg hergestellt, doch meist ist der Laib 6 bis 7 kg schwer und hat einen Durchmesser von etwa 31 cm. Die Rinde ist trocken und gelblich und kann mit einem Überzug aus gelbem oder rotem Paraffin versehen sein. Die feste Käsemasse hat gelblich-weiße Färbung und ist mit einer beschränkten Anzahl regelmäßiger erbsengroßer *Löcher* durchsetzt. Fynbo hat einen Mindestfettgehalt von 45% in der *Trockenmasse (Fett i. Tr.).* Siehe auch *Mini Fynbo* und *Tropen-Fynbo.*

Gardian. Französischer Käse aus Schafmilch, wird in der Provence hergestellt. Der Käse wird mit Thymian und Lorbeerblatt garniert.

Geheimratskäse. Deutscher *Schnittkäse,* der »kleiner Bruder des *Edamer*« genannt wird. Runde Form mit roter, gelber oder farbloser Paraffinhaut. Der Teig ist mattglänzend, goldgelb, geschmeidig und von wenigen kleinen *Löchern* durchsetzt. Der Geschmack ist sehr mild.

Gelbkäse. *Sauermilchkäse* mit *Gelb-* oder *Rotschmiere.*

Gelbschmiere. Ergebnis einer Oberflächenbehandlung ähnlich der *Rotschmiere.*

Genfer Fondue. *Diesem Fondue geben Morcheln das ganz besondere Aroma: Reiben Sie den Caquelon mit einer Knoblauchzehe gut aus. Nun geben Sie 600 g geriebenen Greyerzer, 4 gestrichene Teelöffel Mehl oder Maizena, 3 dl Weißwein (der Heimat des Rezeptes entsprechend möglichst vom Genfer See) und 1 Teelöffel Zitronensaft hinein und kochen das Ganze unter ständigem Rühren auf. Wie beim Grundrezept (Stichwort Fondue) wird mit Kirsch, Pfeffer und Muskat abgeschmeckt.*
Doch nun zu den Morcheln: 10 g Morcheln werden fünf Minuten lang in kaltes Wasser gelegt und dann – ganz oder gehackt – in 1 Löffel Butter gedünstet. Die Pilze werden dem fertigen Fondue zugegeben.

Geräucherter Käse siehe *Rauchkäse.*

Geruch siehe *Aroma.*

Gervais siehe *Rahmfrischkäse.*

Geschichte des Käses. Sie reicht weit in die Vorzeit zurück. Die ersten Schritte zur Käsebereitung dürften getan worden sein, als der Mensch seßhaft wurde und begann, Haustiere zu halten. Es war also etwa in der Jungsteinzeit, als er begann, die Milch zu verwerten. Käse wird bereits in der griechischen Sage erwähnt: Ariteos, Sohn des Gottes Apollo, wird als Erfinder der Käsebereitung genannt. Die Bibel berichtet, Isai hätte seinen Sohn David mit »zehn frischen Käsen« in Sauls Kriegslager geschickt. Aristoteles (384–322 v. Chr.) hinterließ Aufzeichnungen über die Methoden der Käsebereitung.
Rom kannte eine große Anzahl von Käsesorten. Man räucherte Käse und bereitete ihn mit Wein, Honig und Kräutern zu. Große

römische Häuser hatten eine Käseküche und spezielle Lagerkeller für Käse. Aber auch die Kelten stellten köstliche Käse her und trieben damit Handel. Für Gastmähler wurde Käse aus dem Gebiet des heutigen Frankreich bis nach Rom gebracht. Hartkäselaibe, wie wir sie kennen, wurden etwa ab 1550 in der Schweiz hergestellt.
Käse wurde und wird überall dort auf der Welt produziert, wo der Mensch über Milch verfügt, komme sie vom Rindvieh, vom Schaf oder von der Ziege, vom Rentier, Kamel oder von den Stuten tatarischer Nomaden. Die Herstellung von Käse war jahrtausendelang die einzige Methode, die Nährstoffe der Milch zu konservieren.

Geschmack siehe *Aroma.*

Getränke zum Käse sind kein Problem. Bier paßt immer. Für den Weintrinker gilt, daß zu mildem Käse ein leichter, trockener Weißwein gereicht wird, zu den herzhaften und pikanten Käsesorten ein kräftiger Rotwein. Auf der Liste der Möglichkeiten stehen aber – nach den Sitten des Landes – ebenso Apfelsaft und Apfelwein, Tee, Kaffee und Milchkaffee.

Gjeteost siehe *Mysost (Molkenkäse).*

Gläs. Kleine Risse, die beim *Hartkäse* auftreten.

Glarner Kräuterkäse siehe *Schabziger.*

Glarner Schabziger siehe *Schabziger.*

Gloucester siehe *Double Gloucester.*

Glux. Aus Ziegenmilch gewonnener *Frischkäse* aus der französischen Landschaft Nivernais.

Gomser. Aus dem oberen Rhônetal, dem Goms, stammender *Walliser Käse.*

Gomser Fondue. *Hier wird statt des Weines Milch verwendet, wie es dem Oberwallis entspricht:*
Reiben Sie den Caquelon mit einer Knoblauchzehe aus und dünsten Sie 1 gestrichenen Eßlöffel Mehl in derselben Menge

Butter goldgelb. Nun nehmen Sie das Gefäß vom Feuer und löschen unter kräftigem Rühren mit ½ l Milch ab. Nach weiterem fünfminütigen Köcheln können Sie nun 600 g geriebenen Gomserkäse dazugeben und das Ganze unter ständigem Rühren aufkochen. Mit Pfeffer und Muskatnuß würzen. (Siehe auch Stichwort Fondue.)

Gorgonzola. Ein italienischer *Schnittkäse (Edelpilzkäse)* in der Art des *Roquefort,* doch milder als dieser. Entgegen der weitverbreiteten Meinung, daß auch der Gorgonzola wie der Roquefort aus Schafmilch hergestellt würde, schreibt das italienische Gesetz von 1954 die Verwendung von Kuhmilch »exclusivamente«, also ausschließlich, vor. Die *Reifung* geschieht unter Zusatz von Schimmelpilzen, die den Käse mit einer immer stärker sich ausprägenden grünen Marmorierung durchziehen. Die Käsemasse selbst ist gelblich, von hohem Fettgehalt (48% *Fett i. Tr.*) und im Gegensatz zu anderen Edelpilzkäsen schmierfähig.
Gorgonzola wird in zylindrischen Laiben produziert, die 16 bis 20 cm hoch sind, einen Durchmesser von 25 bis 30 cm haben und ein Gewicht, das zwischen 6 und 13 kg liegt. Die Rinde ist rauh und von rötlicher Färbung, doch wird in steigendem Maße Gorgonzola in Silberfolie und anderen schützenden Überzügen angeboten. Seine Produktion ist auf Norditalien beschränkt, auf die Provinzen Bergamo, Brescia, Como, Cremona, Cuneo, Milano, Novara, Pavia und Vercelli.
Gorgonzola erfreut sich internationaler Beliebtheit wegen seines milden und doch pikanten Geschmacks. Er wird als Dessert bevorzugt.

Gouda. Namenspatronin dieses heute in vielen Ländern hergestellten Schnittkäses ist die holländische Stadt Gouda, ein reizendes mittelalterlich anmutendes Städtchen mit historischem, frei auf dem großen Marktplatz stehendem Rathaus und alter öffentlicher Käsewaage. Gouda ist etwas pikanter als der zweite große holländische Käse, der *Edamer,* und nicht ganz so geschmeidig im Teig, vielmehr mattglänzend fest. Die Käsemasse ist elfenbeinfarbig bis gelb, mit wenigen erbsengroßen *Löchern* durchsetzt. Die dunkelgelbe Rinde, die leicht Schimmel ansetzt, ist oft mit einer gelben Paraffinschicht überzogen.

Gouda wird oft mit Herkunftsbezeichnung angeboten, als Holländer Gouda oder Deutscher Gouda. Sie sollten zunächst den »echten« aus Holland probieren. Er wird in mindestens 3,5 kg, aber oft bis zu 20 kg schweren flach-runden Laiben hergestellt und ist in allen Altersstufen *(Leeftijden)* zu haben, von mildem bis zu pikantem Geschmack je nach Reifungsdauer. Jüngerer wird mit dem Messer, alter Gouda mit Hilfe von Stahldraht geschnitten. Der Holländische Gouda (Goudse kaas) hat einen Mindestfettgehalt von 48% in der *Trockenmasse (Fett i. Tr.)*. Sie erkennen ihn am runden *Kaasmerk*.

Boeren Gouda (Bauerngouda) wird der nicht in den großen modernen Molkereien, sondern in bäuerlichen Haushalten hergestellte Gouda genannt, er hat dieselben Merkmale. Als Tribut an moderne Verkaufsmethoden dagegen gilt die Herstellung des Käses in vierkantigen Formen* von mindestens 12 kg, mit und ohne Rinde.

In der Bundesrepublik Deutschland hergestellter Deutscher Gouda muß mindestens 5 Wochen alt sein, wenn er zum Verkauf kommt. Die handelsübliche Brotform hat ein Gewicht von 4,5 bis 5 kg. Deutschen Gouda gibt es in 4 Fettstufen:

Dreiviertelfettstufe	mindestens 49% Trockenmasse
	mindestens 30% Fett i. Tr.
Fettstufe	mindestens 53% Trockenmasse
	mindestens 40% Fett i. Tr.
Vollfettstufe	mindestens 55% Trockenmasse
	mindestens 45% Fett i. Tr.
Rahmstufe	mindestens 57% Trockenmasse
	mindestens 50% Fett i. Tr.

Bei der Herstellung von Gouda dürfen Gewürze verwendet werden, z. B. Kümmel (holländisch: komijn). Dieser Käse kommt nur jung zum Verkauf.

* »Vierkante en rechthoekige Goudse«

Goudse kaas. Holländische Bezeichnung für *Gouda.*

Grana padano. Italienischer *Hartkäse,* der bevorzugt als Reibekäse verwendet wird, in der Art des Parmesankäses *(Parmigiano Reggiano).* Es ist ein halbfetter Käse (32% *Fett i. Tr.*), der nach entsprechender Lagerzeit nicht mehr geschnitten, sondern mit Hilfe eines speziellen Messers gebrochen wird, wobei er strahlenförmig splittert.

Grana padano besteht aus Kuhmilch. Er wird in zylindrischen Laiben produziert, die bei einem Gewicht zwischen 24 und 40 kg eine Höhe von 18 bis 25 cm und einen Durchmesser von 35 bis 45 cm haben. Die Rinde hat einen dunkelbraunen öligen Schutzanstrich, der auch während der ein bis zwei Jahre dauernden *Reifung* mit Öl weiter behandelt wird. Die Teigmasse ist feinkörnig, mit kleinen, kaum sichtbaren *Löchern.* Die Farbe wird mit weiß bis strohgelb angegeben.

Grana padano wird nur im nördlichen Italien hergestellt, und zwar in den Provinzen Alessandria, Asti, Cuneo, Novara, Torino, Vercelli, Bergamo, Brescia, Como, Cremona, Mantova, Milano, Pavia, Sondrio, Varese, Trento, Padova, Rovigo, Treviso, Venezia, Verona, Vicenza, Bologna, Ferrara, Forli, Piacenza und Ravenna.

Grana wird auch aus Dänemark importiert, seine Herkunft verrät die Bezeichnung Dänischer Grana. Er wird in zylindrischen hohen Formen von 40 cm Durchmesser und 22 cm Höhe hergestellt, die Laibe haben ein Gewicht von etwa 30 kg. Nicht immer ist die Rinde wie beim italienischen Vetter behandelt und schwarz, es kommen auch Laibe mit gelblicher Rinde zum Verkauf. Dänischer Grana, dessen Geschmack mit »süßlich und pikant« angegeben wird, kann auch granuliert (gemahlen) in Beuteln angeboten werden.

Graskaas (Graskäse). Phantasiename (keine offizielle Bezeichnung) für holländischen Käse, der während der Weideperiode der Rinder hergestellt worden ist.

gratinieren siehe *überbacken.*

Greyerzer. Schweizer *Hartkäse,* der »welscher Bruder des *Emmentaler*« genannt wird. Bis zum Jahre 1115 kann im französisch sprechenden Teil der Schweiz seine Geschichte zurückverfolgt werden: Damals gründete der erste Graf von Greyerz die Abtei von Rougemont und forderte von seinen Untertanen als Zehnten Käse. Wenn Sie heute einen echten Greyerzer mit dem Aufdruck »SWITZERLAND« kaufen, so können Sie sicher sein, daß er in der Westschweiz hergestellt wurde.

Greyerzer »SWITZERLAND« wird in flachen runden Laiben hergestellt, die mit einem Gewicht von 35 bis 40 kg wesentlich leichter als die des Emmentaler sind. Der Durchmesser liegt bei 50 bis 60 cm. Die Rinde ist gelbbraun, oft feucht, genarbt, der Teig hellgelb, weich, mit nur wenigen etwa erbsengroßen *Löchern*. Wegen des Geschmacks werden Greyerzer und Emmentaler gern beim Kochen und zum Fondue gemischt, denn der Greyerzer ist von vollmundigem bis pikantem Geschmack, rassiger als der milde Emmentaler.

Greyerzer ist ein vorzüglicher Tafelkäse vom Frühstück bis zum Dessert. Besonders gut schmeckt er zu Obst. Da er, voll ausgereift, beim Kochen fast keine Fäden zieht, wird er zum Überbakken, zum Würzen von Suppen, Saucen, Reis, Teigwaren und Gemüsen gern verwendet. Je reifer Greyerzer ist, desto leichter und sämiger schmilzt er.

Französisch wird Greyerzer »Gruyère« genannt.

Greyerzer Schloß-Fondue. *Bereiten Sie ein Fondue nach dem Grundrezept (Stichwort Fondue), jedoch aus zwei Dritteln Greyerzer und einem Drittel Freiburger Vacherin à Fondue. Auf die Fonduegabel kommen statt Brot Pellkartoffeln (Schalenkartoffeln), die in Viertel geschnitten werden. Dazu Perlzwiebeln und Cornichons servieren.*

Grill-Tomaten mit Käse. *Ganze Tomaten aushöhlen und mit geriebenem Greyerzer füllen. Jede Tomate einzeln in Silberfolie verpackt auf den Grill legen.*

Gris de Lille. Viereckiger Käse aus der französischen Landschaft Thiérache, aus Kuhmilch hergestellt.

Groviera. Halbweicher Käse aus der Lombardei (Italien).

Grüner Käse (Glarner Kräuterkäse) siehe *Schabziger.*

Gruviera. Italienischer *Hartkäse* in der Art des *Greyerzer.*

Gruyère siehe *Greyerzer.*

Gruyère de Comté (oder einfach Comté). Französischer *Hartkäse* aus Kuhmilch, der ausschließlich in der Franche-Comté hergestellt wird, ein Verwandter des *Emmentaler*. Doch hat er nur kleinere, meist haselnußgroße *Löcher*. Er wird in großen, runden, 40 kg schweren Laiben angeboten. Gruyère de Comté hat 45% Fett in der *Trockenmasse (Fett i. Tr.)*, das entspricht einem absoluten Fettgehalt von 27,9%.

Guéret. Weicher cremiger Käse aus der französischen Landschaft Marche. Enthält 80% Kuhmilch und 20% Ziegenmilch.

Halbfeste Käse nennt man in Dänemark die halbfesten *Schnittkäse* einschließlich des Edelpilzkäses:

Dänischer Fetakäse
Dänischer Fontina
Dänischer *Mozzarella*
Dänischer *Saint Paulin*
Esrom
Havarti

halbfett siehe *Fett i. Tr.*

Halbhartkäse sind für den Schweizer das, was man in Deutschland unter *Schnittkäse* und halbfestem Schnittkäse versteht. Sie haben einen höheren Wassergehalt als *Hartkäse* und sollen nicht länger als eine Woche im Haushalt aufgehoben werden. Sie sind »weichschnittig«.
Seine Konsistenz erhält der Halbhartkäse durch die *Reifung* bei hoher Luftfeuchtigkeit (über 90% relative Luftfeuchtigkeit) bei 12–16 °C Wärme.
Halbhartkäse sind als Schnitt- und Tafelkäse beliebt. Darüber hinaus können sie für alle warmen Käsegerichte verwendet werden (*Fondue, Raclette, überbackene* Gerichte, *Pizza*).
Die Sorten: *Appenzeller*, Bettelay-Käse *(Tête de Moine)*, *Freiburger Vacherin*, Glarner Kräuterkäse *(Schabziger)*, halbharte *Bergkäse*, *kaltgereifte Käse*, *Rässkäse*, *Schweizer Raclettekäse*, *Schweizer Tilsiter* (Royalp), *tilsiterähnliche Sorten*, *Walliser Käse*.

Handkäse gehört zu einer Reihe von *Sauermilchkäsen*, die nach der deutschen Käse-Verordnung sowohl als *Gelbkäse* als auch als *Edelschimmelkäse* hergestellt werden (Bauernhandkäse, Korbkäse, Stangenkäse, Spitzkäse). Sie werden nur in der Magerstufe

Käseprüfung

(siehe *Fett i. Tr.*) angeboten.
Die Ausformung erfolgt in kleinen verschieden geformten Laiben zwischen 25 und 125 g Gewicht. Die Oberfläche ist entweder mit Schmiere oder mit Camembertschimmel bedeckt, der Geschmack ist dementsprechend pikant bzw. leicht pikant.

Hartkäse. Käsesorten mit einem hohen Gehalt an *Trockenmasse* – mindestens 60%. Hartkäse können deshalb über längere Zeit gelagert werden (siehe *Aufbewahrung*).
Die hauptsächlichen Sorten* sind: *Allgäuer Emmentaler* (Deutschland), *Asiago* (Italien), *Bergkäse* (international), *Caciocavallo* (Italien), *Cantal* (Frankreich), *Cheddar* (England), *Chester* (Deutschland), *Dänischer Cheddar, Dänischer Colby, Dänischer Grana, Emmentaler* (international), *Fiore sardo* (Italien), *Fortina* (Schweiz, Italien), *Grana padano* (Italien), *Greyerzer* (Schweiz), *Gruviera* (Italien), *Gruyère de Comté* (Frankreich), *Hobelkäse* (Schweiz), *Montasio* (Italien), *Parmigiano Reggiano* (Italien), *Pecorino romano* (Italien), *Pecorino siciliano* (Italien), *Pressato* (Italien), *Ragusano* (Italien), *Sbrinz* (Schweiz).

Harzer Käse. Verschiedene *Sauermilchkäse* der Magerstufe (siehe *Fett i. Tr.*), die in 25 bis 125 g schweren Laibchen ausgeformt und durchweg in Rollen in den Handel gebracht werden. *Gelbkäse* mit Gelb- oder Rotschmiere oder weißem Schimmelüberzug.
I. Harzer mit Kümmel: Kleine Laibchen bis zu 40 g schwer, die in Kümmel gewälzt werden.
II. Harzer mit Rotkultur: Rollen von sechs Laibchen mit klebriger Oberfläche.
III. Harzer mit Weißschimmel: Kleine Laibchen (maximal 40 g schwer) mit Weißschimmelüberzug.
IV. Harzer Kochkäse: Mit Weißschimmel oder mit Gelbschmiere (siehe *Kochkäse*).
Harzer soll im Kühlschrank aufgehoben und bald verbraucht werden. Die beim Verkauf meist noch nicht ganz durchgereiften Laibchen haben außen intensiv gelben, elastischen Teig, im Innern sind sie heller und beinahe krümelig. Mit dem fortschreitenden Reifeprozeß intensivieren sich der Geruch und der ohnehin pikante Geschmack.
Kenner essen Harzer Käse mit Gänseschmalz.

* Eine gesetzlich festgelegte Gruppierung der Käsesorten in Hartkäse, Schnittkäse, Weichkäse usw. gibt es nur in Deutschland und der Schweiz. Käse aus den übrigen Ländern sind hier so aufgeführt, wie sie gemäß der deutschen Käseverordnung einzustufen wären.

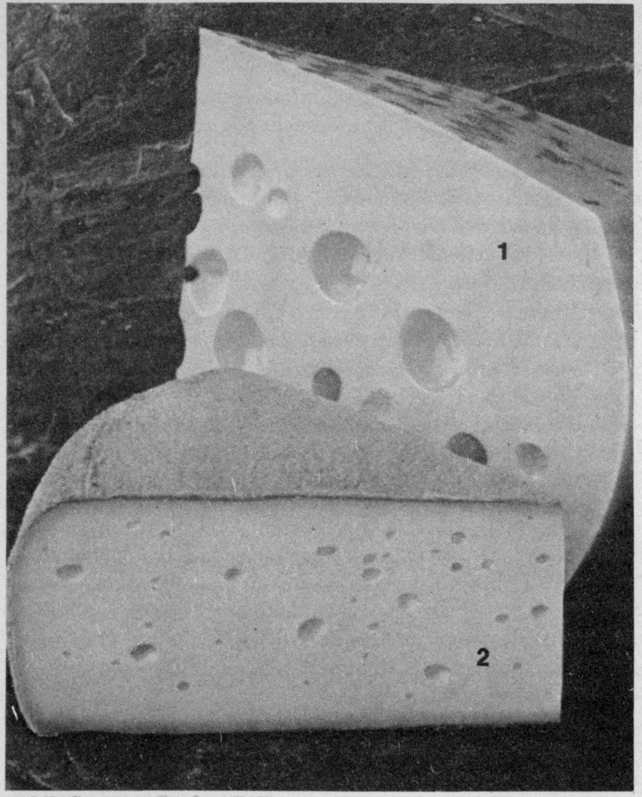

Deutscher Hartkäse
1. Allgäuer Emmentaler
2. Bergkäse

Hauskäse siehe *Cottage-Cheese.*

Havarti. Dänischer *halbfester* Käse, der in zwei Fettstufen hergestellt wird: Mit einem Mindestfettgehalt von 45% in der *Trockenmasse (Fett i. Tr.)* wird er einfach Havarti genannt, mit mindestens 60% Fettgehalt in der Trockenmasse heißt er Havarti 60+. Beide werden bevorzugt in der rechteckigen Brotform hergestellt, 30×12×12 cm groß und etwa 4,5 kg schwer – es gibt allerdings auch Laibe von nur 250 g bis 5 kg. In der flachen zylindrischen Form hat der normale Havarti ein Gewicht von 5 kg bei einem Durchmesser des Laibes von 25 cm, vom Havarti 60+ werden kleine runde Laibe mit einem Gewicht von 250 und 500 g produziert. Schließlich gibt es normalen Havarti noch in quadratischen Formen mit einem Gewicht bis zu 14 kg. Er wird hin und wieder rindenlos, der Havarti 60+ in dieser Form ausschließlich rindenlos produziert, indem nach dem Salzen die Laibe in Klarsichtfolie eingeschlagen werden und so keine Oberflächenreifung stattfindet.
Havarti, der in etwa unserem Tilsiter entsprechen soll, ist halbfest, aber noch als Schnittkäse zu verwenden. Wo Rinde vorhanden ist, erscheint sie im Gegensatz zu anderen dänischen Käsesorten ausgesprochen dünn und hat eine fettige Oberfläche. Der Teig ist gelblich bis weiß und von zahlreichen unregelmäßigen *Löchern* durchsetzt, die etwa die Größe eines Reiskornes haben. Der Geschmack wird beim normalen Havarti als kräftig und pikant, beim Havarti 60+ als rein und leicht säuerlich angegeben.
Havarti wird meistens in Silberfolie verpackt angeboten, ein Paraffinüberzug der Rinde ist gestattet. Havarti 60+ ist durchweg vakuumverpackt, die kleinen runden Laibe gibt es meist in roter Folie.

Herrenfondue. *Bereiten Sie das Grundrezept zu (siehe Stichwort Fondue). Danach würzen Sie mit Pfeffer, etwas Cayenne und einem Eßlöffel Senf.*

Holländische Käsesorten. Die Niederlande sind einer der größten Käsehersteller und Exporteure der Welt. »Holländischer Käse« genießt überall einen guten Ruf, obwohl es ihn als Käsesorte gar nicht gibt. Unter dieser Bezeichnung wird durchweg *Edamer* und *Gouda* verstanden. Der ausländische Besucher stellt überall in den Niederlanden fest, welch eine große Rolle der Käse im Leben des Volkes gespielt hat und noch heute spielt. Besonders

aber sollte er sich den – hauptsächlich für die Fremden in historischer Form abgehaltenen – Käsemarkt in Alkmaar nicht entgehen lassen.
Holland hat eigentlich recht wenige Käsesorten. Was exportiert wird, beschränkt sich beinahe auf Edamer und Gouda. Doch müssen einige für die holländischen Käse charakteristischen Umstände zuvor kurz erläutert werden: Holländischer Käse wird ausschließlich aus Kuhmilch gemacht, von Rindern, die auf den fetten Marschweiden grasen. 98% des Käses ist »fabriekskaas«, der in Molkereien hergestellt wird, und zwar unter Verwendung von Milch, die zuvor auf 72 °C erhitzt worden ist, um schädliche Bakterien zu töten. 2% der Jahresproduktion von 376 400 t (1974) sind »boeren kaas« (Bauernkäse), die im bäuerlichen Haushalt hergestellt werden und schon allein deshalb nicht von der gewohnten und gewünschten gleichbleibenden Qualität sein können.

Holländischer Käse wird in den verschiedensten Stadien der Reifung vermarktet, von »jong« bis »overjarig« (siehe Stichwort *Leeftijden*). Daraus ergibt sich eine breite Geschmackspalette für den Käsefreund aus nur 2 Sorten. Doch beschränkt sich der Export – vorerst – oft auf jüngeren und damit milden holländischen Käse.* Schließlich ist der echte holländische Käse am »Kaasmerk« genannten Kontrollstempel zu erkennen.
In Holland werden folgende Käsesorten produziert:
*Schnittkäse**: Edammer* (mit *Baby Edammer, Brood Edammer, Commissie kaas, Middelbare kaas*), *Friese kaas* (Friesischer Käse), Goudse kaas *(Gouda)* mit *Baby Gouda, Amsterdammer kaas, Boeren Gouda* und *Boeren Lunch, Dieetkaas* (Diätkäse);
halbfeste Schnittkäse: *Blauwe Schimmelkaas* (Edelpilzkäse), *Kernheim, Roomkaas, St. Paulin;*
Weichkäse: Limburgse kaas;
Frischkäse: Cottage cheese, Kwark *(Quark), Mon Chou, Witte meikaas;*

* Ältere holländische Käsesorten erhalten Sie nur in guten Fachgeschäften oder Fachabteilungen.
** Die Einteilung erfolgt sinngemäß nach der deutschen Käseverordnung.

Schmelzkäse (Smeltkaas) und Rookkaas (geräucherter Schmelzkäse).
Auskünfte erteilt das Niederländische Büro für Milcherzeugnisse, Markt 45–47, 51 Aachen.

Holländisches Käse-Fondue. *Holländer, die beim Fonduekochen Zutaten aus dem eigenen Land verwenden wollten, erdachten zwei Rezepte:*
1. Verfahren Sie nach dem Grundrezept Fondue, doch mit den folgenden Zutaten
Holländischer Gouda, mittelalt
Apfelwein
Calvados
2. Verzichten Sie auf die Zugabe von Wein und Schnaps beim Kochen. Statt dessen gießen Sie Ihren Gästen während des Essens um so fleißiger Genever ein.

Hooikaas siehe *Stal- of hooikaas.*

Hüttenkäse siehe *Cottage-Cheese.*

Innerschweizer Fondue *wird aus bodenständigem Sbrinz und Saanenkäse bereitet. Man würzt es mit Kümmel (siehe auch Stichwort Fondue).*

Italienische Käsesorten. Italiens Käsegesetze unterscheiden zwei große Gruppen. Nämlich Käse, die sich durch ihre Herkunft, und Käse, die sich durch ihre Eigenschaften unterscheiden. Die erste Gruppe unterliegt ganz bestimmten Vorschriften, in welchen Provinzen diese Käsesorten allein produziert werden dürfen, aber darüber hinaus sind natürlich auch ihre Eigenschaften genau festgelegt. Dazu gehören:
Fontina,
Gorgonzola,
Grana padano,
Parmigiano Reggiano (Parmesankäse), *Pecorino romano* (Römischer Schafkäse), *Pecorino siciliano.*
Die Käse der zweiten Gruppe können, selbst wenn sie z. B. Sardinischer Rahmkäse heißen, im ganzen Land produziert werden:
Asiago,
Caciocavallo,
Fiore sardo,

Montasio,
Pressato,
Provolone,
Ragusano,
Taleggio.

Eine Besonderheit Italiens ist die weite Verbreitung von Reibekäse. Viele der genannten Sorten werden jung als Tischkäse, älter aber als Reibekäse verkauft.

Nicht im Gesetz genannt sind die *Weichkäse* und *Frischkäse*. Hier die wichtigsten Sorten:

Weichkäse: *Mascarpone, Montechi* und *Robiola (Edelschimmelkäse), Taleggio (Rotschmierenkäse).*

Frischkäse: *Mozzarella, Strachino.*

Auskünfte über italienische Käsesorten erteilt die Associazione Italiana Lattiero Casearia, Roma, Via Boncomgani, 16. (Korrespondenz in italienischer oder französischer Sprache empfohlen.)

Italienisches Fondue. *Dazu gehört natürlich ein italienischer Käse, nämlich Fontina aus dem Aosta-Tal.*

Geben Sie 500 g grob geraspelten Fontina in ¼ l heiße Milch und erhitzen Sie die Mischung unter ständigem Rühren bis zum Kochen. Mit Salz und Pfeffer würzen. Nun muß das Ganze etwa 5 Minuten leise köcheln. Inzwischen haben Sie 4 Eier mit 2 Glas Weißwein verquirlt und geben nun diese Mischung unter kräftigem Rühren (damit die Masse glatt bleibt und die Eier nicht gerinnen) in den flüssigen Käse.

Besonderes Lob werden Sie ernten, wenn Sie nach Fertigstellung des Fondues 25 g sehr fein geschnittene weiße Trüffel zugeben. Dazu wird in Würfel geschnittenes Stangenweißbrot gereicht.

Järb siehe *Pressen.*

Jong. Bezeichnung für holländischen Käse, der vier Wochen alt ist. Siehe *Leeftijden.*

Jong belegen. Bezeichnung für holländischen Käse, der acht Wochen alt ist. Siehe *Leeftijden.*

Joule. 1975 wurde im ganzen EWG-Bereich neu die Größe Joule anstelle der *Kalorien* eingeführt. Auf Joule kam man, als man eine Beziehung zwischen Wärme und Arbeit (Gewicht × Weg) finden wollte.

So gilt:
1 Kcal (Kilokalorie) = 4186 Joules = 4,186 KJ
1 KJ = 0,24 Kcal
Der Umrechnungsfaktor beträgt also 4,186. Um Joule auszurechnen, multipliziert man die Kalorien mit 4,186.
1000 Kalorien = 4186 Joule (1000 × 4,186 oder 8372 J = 2000 Kal [8372 : 4,186]).
Wer den Umweg über Kalorien nicht machen will, rechnet so:

Kohlenhydrate	17,5 J pro Gramm
Fette	38,9 J pro Gramm
Eiweiß	17,1 J pro Gramm

Ein Beispiel:

100 g *Emmentaler* »SWITZERLAND«, *vollfett*, enthalten	36 g Wasser	–
	31 g Fett	1206 J
	29 g Eiweiß	496 J
	zusammen	1702 J (od. 407 Kal.)

Justistaler siehe *Bergkäse*.

Kaas. Das holländische Wort für Käse.

Kaasmerk wird der holländische Kontrollstempel genannt, der bestätigt, daß die vorgeschriebenen Qualitätsnormen erfüllt sind. Er ist sozusagen der »Paß« des Käses, der ihm die Überschreitung der Grenze ermöglicht. Der Kaasmerk hat für verschiedene Käsesorten ganz bestimmte Formen. Er enthält nicht immer den Namen der Käsesorte, aber auf jeden Fall Angaben über den

Fettgehalt des Käses (40+ bedeutet, um ein Beispiel zu geben, 40% *Fett i. Tr.*), das Herkunftsland (Holland) und eine Kontrollziffer, die verschlüsselt beinhaltet, wann und durch wen der Käse hergestellt wurde. Die Buchstabenkombination am Fuß bedeutet u. a.:

F Molkereikäse (fabriekskaas) aus den Provinzen Groningen, Friesland, Drente und Overijssel,
NH Molkereikäse aus Nordholland,
NB Molkereikäse aus den übrigen Provinzen,
U Bauernkäse aus der Provinz Utrecht,
Z Bauernkäse aus der Provinz Südholland.

Weichkäse, *Frischkäse* und *Schmelzkäse* erhalten keinen Kaasmerk.

Käse sind nach der Definition der deutschen Käse-Verordnung »frische oder in verschiedenen Graden der Reife befindliche Erzeugnisse, die aus *dickgelegter Käsereimilch* hergestellt sind. Darüber hinaus sind *Molkenkäse*, *Schmelzkäse*, *Käsezubereitungen* und Schmelzkäsezubereitungen den Käsen zuzurechnen.

Käsebohrer. Hilfsgerät zur Prüfung des Reifegrades eines Käselaibes, einem Korkenzieher ähnlich. Siehe *Reifung.*

Käse-Butter-Mischungen für Brotaufstriche siehe *Brotaufstrich.*

Käsefarbe wird der *Käsemasse* schon beim Gerinnungsprozeß *(Abscheidung)* beigegeben.

Käse-Fondue siehe *Fondue.*

Käseharfe. Mit Draht bespannter Rahmen zur Zerkleinerung der *Käsemasse* beim *Vorkäsen.* Die Struktur des Geräts und die Länge der Bearbeitung sind von Einfluß auf die Art des Käses. Der körnige *Cottage-Cheese* z. B. wird nur oberflächlich mit der Käseharfe bearbeitet.

Käseherstellung.

I. *Labkäse:* Durch Beigabe von *Lab* werden die Eiweißstoffe der zuvor auf den geforderten Fettgehalt eingestellten Milch zur *Abscheidung* gebracht. Die so entstandene *Käsemasse* (Bruch) wird dem Prozeß des *Vorkäsens* unterzogen, es folgt das Brennen

und *Pressen*, wobei die überschüssige *Molke* aus der Masse entfernt wird. Schließlich wird der Käselaib mit Salzlösung behandelt und zur *Reifung* in kühlen Kellern gelagert. Für einen Laib *Emmentaler* von ca. 80 kg werden 1000 l Vollmilch benötigt.
II. *Sauermilchkäse:* Durch Milchsäure werden die Eiweißstoffe der Milch zur *Abscheidung* gebracht, so daß *Quark* entsteht, aus dem man die *Molke* ablaufen läßt. Er ist zum Verzehr geeignet. Durch Weiterverarbeitung mit Rahm entsteht *Rahmfrischkäse* (Vollrahmfrischkäse und Doppelrahmfrischkäse) von geringer Haltbarkeit. Zur Bereitung von *Handkäse* wird in die *Käsemasse* Salz und evtl. auch Kümmel geknetet. Dann werden Laibchen geformt, die zunächst in einem warmen Raum trocknen und danach im kühlen feuchten Keller reifen müssen. Bei der Mehrzahl der Sorten wird der dabei an der Außenseite der Laibe entstehende Schimmel regelmäßig abgewaschen. Sauermilchkäse wird meistens aus entrahmter Milch (Magermilch) hergestellt.

Käsemasse. Produkt der *Abscheidung* von Eiweißstoffen aus der Frischmilch. Käsemasse besteht – je nachdem, ob es sich um *Quark* oder *Bruch* handelt – aus Kasein oder Parakasein mit ungelösten phosphatsauren Kalken, *Fett* und *Molke*. Letztere wird bei der weiteren Verarbeitung, dem *Vorkäsen*, aus der Käsemasse ausgeschieden.

Käseomelette »Subito«.
Zutaten für 1 Person: 2 Eier, 1 Prise Salz, Muskat, Pfeffer, 3 Eßlöffel Milch, 40 g Greyerzer (gerieben), 1 Eßlöffel Butter.
Eier, Salz, Muskat, Pfeffer und Milch miteinander verquirlen und den Käse darunterziehen. Nun wird die Butter in einer Pfanne erhitzt, die Ei-Käsemasse hineingegossen und bei mäßiger Hitze gebacken, bis sie unten goldbraun, oben jedoch noch feucht ist. Die Omelette zur Hälfte überschlagen, auf heißem Teller anrichten und mit gehackter Petersilie bestreuen.

Käse-Produktion (1973) in verschiedenen Ländern

Land	Produktion in 1000 t	Bemerkungen s. unten
Ägypten	187*	1 a, b
Afghanistan	12*	1 b, c
Albanien	9*	1 a
Angola	1*	1 a
Argentinien	219*	1 a
Australien	93	1 a, 3
Bangladesch	10*	1 a
Belgien	39	1 a
Brasilien	51*	1 a, 4
Bulgarien	130*	1 a, b, c
Burma	21	1 a
Canada	137	1 a
Chile	18*	1 a, c, 5
China	170	1 a, b, c,
Columbien	25*	1 a
Costa Rica	4*	1 a
Dänemark	127	1 a
Deutschland (BRD)	570	1 a
Deutschland (DDR)	156	1 a
Dominikanische Republik	2*	1 a
Ecuador	9*	1 a, b
El Salvador	15*	1 a
Finnland	47	1 a
Frankreich	897	1 a
Griechenland	149*	1 a, b
Großbritannien	199*	1 a
Guatemala	12*	1 a
Haiti	1*	1 c
Honduras	8*	1 a
Jugoslawien	110*	1 a
Island	5*	1 a
Indien	1469*	1 a
Iran	28*	1 c
Irak	44*	1 a, b, c
Irland	43*	1 a
Israel	41	1 a, 6
Italien	512*	1 a
Japan	41*	1 a
Jordanien	2*	1 b

Land	Produktion in 1000 t	Bemerkungen s. unten
Kenia	1*	1 a, 3, 7
Libanon	9*	1 a, b, c
Luxemburg	1	1 a
Mauretanien	1*	1 a
Mexiko	80*	1 a, c
Mongolei	3*	1 b
Marokko	2*	1 a, b, c
Nepal	77*	1 a
Niederlande	333	1 a
Neuseeland	101	1 a, 2
Nikaragua	15*	1 a
Niger	6*	1 b, c
Norwegen	51	1 a
Peru	41*	1 a, c
Österreich	93	1 a
Polen	307*	1 a, b
Portugal	19*	1 a, b, c
Rumänien	98*	1 a, b
Südafrika	21	1 a, 6
Spanien	98	1 a, b, c
Sudan	24*	1 a
Schweden	71	1 a
Schweiz	97	1 a
Syrien	50*	1 a, b, c
Tschechoslowakai	126*	1 a, b, c
Türkei	99*	1 a, b
UdSSR	1211	1 a
USA	1564	1 a
Ungarn	38*	1 a
Uruguay	11*	1 a
Venezuela	33*	1 a
Zypern	10*	1 a, b

* geschätzt von der Ernährungs- und Landwirtschaftsorganisation der UN (FAO)
1 a Käse aus Milch von Kühen und Büffeln
1 b Käse aus Schafmilch
1 c Käse aus Ziegenmilch
2 Juni 1972–Mai 1973
3 Juli 1972–Juni 1973
4 Die Regierung beaufsichtigt nur die Produktion
5 April 1973–März 1974
6 Oktober 1972–September 1973
7 auf Farmen und Grundstücken (ausgenommen nomadisierende Herden)

Quelle: Statistisches Jahrbuch der UN 1975

Käsepaß. Ein bedrucktes Kaseinschildchen, das auf den Käselaib gegeben wird und mit der Rinde verwächst. Es dokumentiert den schweizerischen Ursprung des so gekennzeichneten Käses.

Käsereimilch ist die zur Käseherstellung bestimmte Milch. In Mitteleuropa ist das normalerweise Kuhmilch, die aber ganz oder teilweise durch Schaf-, Ziegen- oder Büffelmilch ersetzt werden kann. Als Zugaben erlaubt die deutsche Käse-Verordnung Buttermilcherzeugnisse, Sahneerzeugnisse, *Süßmolke*, *Sauermolke* und Molkensahne (Molkenrahm).
Die Verwendung pasteurisierter Milch ist in bestimmtem Rahmen zulässig und insbesondere bei solchen Käseerzeugnissen von Vorteil, die für den Export bestimmt sind oder aus anderen Gründen besonders lange haltbar sein sollen. Darüber hinaus ist pasteurisierte Milch eine der wesentlichen Voraussetzungen für die Herstellung von Käse in absolut gleichbleibender Qualität. Da bei der Pasteurisierung der Milch bestimmte Aromabilder zerstört werden, ist das Aroma solchen Käses durchweg weniger ausgeprägt und wird von Liebhabern pikanter Käsesorten als flach bezeichnet.

Käserösti siehe *Emmentaler Käserösti*.

Käsesäbel (Käseschwert). Großes Messer zum Zerkleinern der *Käsemasse* beim *Vorkäsen*.

Käsesalat. *Die vielen Hart- und Schnittkäse verführen dazu, aus ihnen einen pikanten Salat herzustellen. Für das kalte Büfett, als Ergänzung der Käseplatte oder ganz einfach als ein »Minutengericht«, wenn plötzlich Besuch auftaucht. Käse wird in Würfel geschnitten und mit einer Marinade übergossen. Je nach Geschmack und nach der verwendeten Käsesorte wird mit Apfel oder Birne, mit Oliven und Gürkchen, Mixed Pickles, Senf, Dill oder Petersilie verfeinert. Unsere nachfolgenden Rezepte zeigen etwas raffiniertere Varianten:*

Allgäuer Käsesalat.
Allgäuer Emmentaler in Stifte schneiden und mit einer Marinade aus Kapernsaft, Weinessig, Zucker und Kapern übergießen. Ziehen lassen und kühl stellen. Zum Schluß Wurst, Schinken, Krabben oder Würstchenscheiben darunter mischen. Mit Brot und Butter servieren.

Herrensalat.
Zutaten für vier Personen: 100 g Schnittkäse, 150 g Mixed Pickles, eine halbe rote Paprikaschote, etwas Salatgurke, ein paar Radieschen, 1 Zwiebel, 1 Teelöffel Kapern, etwas Sojasauce, Knoblauchpulver, Pfeffer, Salz, eine Prise Zucker. Käse und gesäuberte Paprikaschote in Streifen, Gurke und Radieschen in dünne Scheiben, Zwiebel in Würfel schneiden. Alles mit den kleingeschnittenen Mixed-Pickles vermengen, würzen und eine Stunde durchziehen lassen.

Käsesauce. *Eine gute Sauce verfeinert mancherlei Gerichte. Hier vier Vorschläge:*

Blitz-Käsesauce.
1/8 l Milch erhitzen und eine in Würfel zerteilte Ecke Schmelzkäse hinzugeben. Mit dem Schneebesen rühren, bis sich der Käse vollständig aufgelöst hat – fertig!
Je nach Verwendungszweck sollten Sie diese Sauce mit Pfeffer, Senf, Sardellenpaste o. ä. würzen oder Schmelzkäsezubereitungen, z. B. mit Salami, Champignons, Paprika, Kümmel oder Gürkchen, verwenden.
Probieren Sie die Blitz-Käsesauce mit in Fleischbrühe gegarten Fleischbällchen. Gut durchziehen lassen!

Käsesauce zum Überbacken.
Zutaten für 4 Personen: 1/4 l Milch, 2 Eier, 100 g fein geriebenen Käse (Hartkäse oder alten Schnittkäse, Resteverwertung), Salz, Pfeffer, etwas Muskat.
Die Milch erwärmen, die Eier hineinschlagen und den Käse zugeben. Bei steigender Hitze verrühren, aber nicht zum Kochen kommen lassen. Würzen.
Die klassische Käsesauce allerdings ist die

Sauce Mornay.
Zutaten: 70 g Butter, 160 g Mehl, 1/4 l Milch, Salz, Muskat, Lorbeerblatt, 1 Zwiebel, 2 Eigelb, 1/8 l Sahne, 100 g Emmentaler.
Aus Butter und Mehl wird eine helle Mehlschwitze bereitet, die kalte Milch aufgegossen und alles unter ständigem Rühren aufgekocht. Dabei wird mit Salz und Muskat gewürzt; Lorbeerblatt und Zwiebel werden mitgekocht. Schließlich wird die Sauce vom Feuer genommen und durch ein Sieb gegossen. Sie wird mit Eigelb und Sahne legiert und zum Schluß der geriebene Käse dazugerührt.

Sbrinz-Super-Sauce.
Als kalte Sauce zum Fisch, zu Eiern, Spargel, Pellkartoffeln. Zum Überbacken und Grillen.
Zutaten: 100 g Sahnequark, 1 Ei, 1–2 Eßlöffel Öl, 1 Teelöffel Senf, Zitronensaft oder Essig, Salz, Pfeffer, 50 g geriebenen Sbrinz. Der Quark wird mit dem Eigelb und dem Öl glattgerührt und die Masse gewürzt. Nun schlagen Sie das Eiweiß steif und ziehen den geriebenen Käse darunter. Schließlich werden Quarkmasse und Eischnee miteinander gemischt.

Käseschnitten (Rarebits).
Zutaten für 4 Personen: 8 Scheiben Toastbrot, 250 g Emmentaler (gerieben), 60 g Butter, 2 Eigelb, Paprika.
Die Butter wird schaumig gerührt, der geriebene Käse damit vermengt. Nun werden die beiden Eigelb untergezogen und das Ganze gut gemischt, so daß eine streichfähige Paste entsteht, die dick – in der Mitte erhöht – auf die Toastscheiben gestrichen wird. Die Scheiben sind dann auf einem Backblech bei Oberhitze etwa 20 Minuten zu backen. Reichen Sie dazu Salat. – Dieses aus dem Wallis stammende Rezept wurde durch Engländer als »Welsh Rarebits« rund um den Erdball getragen. Wenn Sie sich mehr Arbeit machen wollen und es Ihre Zeit erlaubt, so probieren Sie als Abwandlung diese

Spanischen Käseschnitten:
Sie brauchen dazu zusätzlich 2 mittelgroße Zwiebeln, 1 grüne Paprikaschote, 2 Tomaten, etwas Sherry, Salz, Pfeffer, Knoblauchpulver und Muskatnuß. Die gehackten Zwiebeln werden in der Hälfte der Butter goldbraun gebraten, Paprikaschote und Tomaten gewürfelt und etwa 10 Minuten darin gedünstet. Der geraspelte Käse wird in einer Schüssel mit einem Eßlöffel Sherry, den beiden Eigelb und den Gewürzen verrührt. Die Mischung wird über das Gemüse gegeben und das Ganze unter ständigem Rühren erhitzt. Schließlich wird es auf die vorher getoasteten Brotscheiben gestrichen. Die Schnitten setzen Sie nun auf ein Backblech und geben den Rest der Butter als Flöckchen darüber. Backen wie die einfachen Welsh Rarebits.
Sie haben nun, wenn Sie je nach dem Anlaß Oliven, Perlzwiebeln, Mixed Pickles verzieren und zu Salaten reichen, eine ausgesuchte Köstlichkeit als Imbiß, Vorspeise, zum Abendessen oder als Party-Snack.

Käseschwert siehe *Käsesäbel.*

Käse-Spieße. *Benutzen Sie Ihre Schaschlik-Spieße einmal für ein herzhaftes Käse-Gericht:*

Bunte Käse-Spieße.
Schneiden Sie Würfel von möglichst vielen verschiedenen Käsesorten (Hart- und Schnittkäse) und stecken Sie diese abwechselnd mit Stücken mageren Specks, Stücken von Geflügelleber, Rind- und Schweinefleisch, Tomaten und Paprika auf die Spieße. Das Fleisch muß mit Pfeffer und Salz gewürzt werden. Die Käse-Spieße sollen kurz bei starker Hitze gegrillt und mit Weißbrot und Weißwein serviert werden.

Käsesuppe siehe *Zuppa Pavese.*
Übrigens: Streuen Sie ganz einfach über eine kräftige Gemüsesuppe eine Handvoll Reibekäse.

Käsetoast, überbacken.
Es gibt sicherlich mehr als hundert Möglichkeiten, pikante Toastschnitten zuzubereiten. Wir können hier nur ein paar Anregungen geben. Immer kommt es darauf an, was zwischen der gebutterten Toastbrotschnitte und der Käsescheibe oben, die etwas kleiner als das Brot sein soll, liegt, und es gibt fast nichts, was man nicht zwischen eine Toast- und eine Käsescheibe legen kann, wobei der Vollständigkeit halber darauf aufmerksam gemacht werden muß, daß es auch Toastschnitten-Rezepte gibt, bei denen Reibekäse zur Verwendung kommt. Aber das ist selten. Meist bleibt es auch nicht bei einer Lage, bis zu drei verschiedene Sachen zwischen Brot und Käse bringen die Vielfalt und das rechte Raffinement.
Vorweg muß auf die überbackenen Käseschnitten (Rarebits) verwiesen werden.

Am einfachsten ist es natürlich, wenn die Zutaten auf die getoasteten Brotscheiben gelegt und gleich zum Überbacken in den Ofen gegeben werden können:

Birnen-Camembert-Toast.
Toastbrot mit Butter bestreichen,
gut abgetropfte Birnenhälften aus der Dose darauf geben,
mit in Scheiben geschnittenem Camembert dachziegelartig umlegen,
Butterflöckchen darauf geben.
Nach dem Überbacken mit einem Häufchen Preiselbeerkonfitüre verzieren.

Kaßler-Toast.
Das Toastbrot wird mit Butter bestrichen.
Je 2 Scheiben Kaßler darauflegen,
in die Mitte einen Löffel Preißelbeerkonfitüre geben,
darauf einen halben, gut abgetropften Pfirsich aus der Dose stülpen,
eine Scheibe Käse darüberlegen.*
Nach dem Überbacken mit einer Sauce aus Senf und Sahne übergießen (für 4 Scheiben 2 Eßlöffel Sahne und einen Eßlöffel Senf miteinander verrühren, mit Salz und Zucker abschmecken).
Mit Cocktailkirschen garnieren.

Salami-Toast.
Auf das gebutterte Toastbrot Scheiben von Salami verteilen,
darauf in Scheiben geschnittene Gewürzgurke geben,
mit einer Scheibe Käse überdecken.*
Nach dem Überbacken mit Senf und Tomatenketchup garnieren.
Das Ganze wird saftiger, wenn Sie auf das Brot unter die Salami noch eine Scheibe Käse legen.

Sardellen-Eier-Toast.
Das Toastbrot mit Butter und Sardellenpaste bestreichen,
darauf Scheiben hartgekochter Eier legen,
und eine Scheibe Käse darauf geben.*
Nach dem Überbacken mit Senf und Ketchup garnieren.

Schinken-Ananas-Toast (Hawaii-Toast)
Das Toastbrot mit Butter bestreichen,
eine Scheibe gekochten Schinken daraufgeben,
dann eine Scheibe Ananas aus der Dose,
eine Scheibe Käse darauflegen.*
Nach dem Überbacken eine Kirsche in die Mitte legen.

Schinken-Birnen-Toast.
Toastbrot mit Kräuterbutter bestreichen,
darauf in Würfel geschnittene geschälte Birne legen,
2 Scheiben Lachsschinken,
und darüber eine Scheibe Käse geben.*

Schinken-Sellerie-Toast.
Auf eine Scheibe Toastbrot

* Soweit bei den Rezepten keine Käsesorte vermerkt ist, wird Emmentaler »SWITZERLAND«, Tilsiter oder Appenzeller empfohlen.

fein gewürfelten Schinken,
geraspelten Sellerie,
gehackte Walnußkerne,
Pfeffer, Schnittlauch und
Camembertscheiben übereinander legen.

Schinkentoast mit Preiselbeeren
Gebuttertes Toastbrot mit einer Scheibe gekochten Schinken belegen,
darauf Preißelbeerkonfitüre streichen,
eine Scheibe Käse darüberlegen.*

Schweinebraten auf Toast, pikant.
Toastbrot nur auf einer Seite toasten,
die andere Seite mit Aquavit beträufeln,
auf die geröstete Seite Butter schmieren,
Schweinebraten in Scheiben daraufgeben,
mit Senf bestreichen,
nach Belieben mit Pfeffer bestreuen,
eine Scheibe Käse darauflegen.*

Thunfischtoast.
Geröstetes Toastbrot mit Mayonnaise bestreichen,
darauf klein zerpflückten Thunfisch legen,
Scheiben von hartgekochten Eiern daraufgeben,
und in Scheiben geschnittene Gewürzgurke,
eine Scheibe Käse darauflegen.*

Als Übergang zu den Toastgerichten, bei denen Sie die Zutaten erst herrichten müssen, seien zwei Toaste empfohlen, bei denen Sie Reste oder schon zuvor gebratenes Fleisch verwenden können.

Kalbsschnitzel mit Spargel auf Toast (Toast Prinzessin).
Auf eine Scheibe Toastbrot Kräuterbutter streichen,
ein gebratenes Kalbsschnitzel darauf legen,
darauf Scheiben hartgekochter Eier verteilen,
als nächste Lage Spargelspitzen darauf geben,
mit Zitronensaft beträufeln,
Petersilie darauf streuen,
mit einer Scheibe Butterkäse bedecken.

Toast mit Leber und Zwiebelringen.
Auf eine Toastscheibe Butter streichen,
darauf scharfen Senf geben,

gebratene Leber darauf legen,
mit Apfelringen und gerösteten Zwiebelringen bedecken,
eine Scheibe Edelpilzkäse darüberlegen.

Schließlich noch ein paar Rezepte ausgesuchter Köstlichkeiten:

Champignon-Toast mit Tomaten.

Zutaten für 4 Personen: 250 g Champignons, 2 Scheiben gekochten Schinken, 4 kleine Tomaten, 4 Scheiben Käse, 2 Eßlöffel Weißwein, 1 Eßlöffel Zitronensaft, 1/8 l Sahne, etwas Mehl, Butter, Salz, Pfeffer, Zucker, Schnittlauch.*

Die Champignons vorbereiten und in Scheiben schneiden, mit dem Wein und Zitronensaft ziehen lassen. In Butter etwa 10 Minuten dünsten. Mit 1 Eßlöffel Mehl die Flüssigkeit binden und noch einmal aufkochen lassen. Dann die Sahne unterrühren, mit Salz, Pfeffer und Zucker abschmecken. Die Champignons werden nun auf 4 Toastbrotscheiben verteilt, in Streifen geschnittener Schinken und die in Scheiben geschnittenen Tomaten darauf gegeben. Das Ganze mit je einer Scheibe Käse bedecken. Nach dem Überbacken werden die Brote mit Petersilie bestreut.

Rosinentoast.

Zutaten für 4 Personen: 100 g Kalbsleberwurst, 4 Eßlöffel Rosinen, 6 Eßlöffel Rotwein, 4 Scheiben Toastbrot, 4 Scheiben Käse, 2 saure Äpfel, etwas Majoran.*

Die gewaschenen Rosinen in Rotwein aufkochen und dann etwa eine halbe Stunde quellen lassen. Das Brot toasten, mit der Leberwurst bestreichen, Majoran darüber streuen. Nun die geschälten und mit einem Apfelbohrer vom Kerngehäuse befreiten Äpfel in Scheiben schneiden, die auf die Brotschnitten gelegt werden, die Rosinen daraufgeben, mit einer Scheibe Käse belegen und überbacken.

Rührei mit Pfifferlingen (Frankentoast).

Zutaten für 4 Personen: 250 g Pfifferlinge, 4 Eier, 2 Tomaten, 4 Scheiben Toastbrot, 4 Scheiben Käse (am besten Butterkäse), etwas fetten Speck, 1 kleine Zwiebel, Salz, Pfeffer.

Die Pilze säubern und mit gewürfeltem Speck und kleingehackter Zwiebel etwa 20 Minuten dünsten. Abschmecken. Auf das vorgetoastete Brot zunächst die in Scheiben geschnittenen Tomaten legen, dann das aus den 4 Eiern zubereitete Rührei und schließlich darauf die Pilze. Mit der Käsescheibe bedecken.

Der überbackene Toast kann mit feingehackter Petersilie verziert werden.

Spargeltoast.
Zutaten für 4 Personen: 500 g Stangenspargel, 200 g gekochter Schinken, 2 Eier, 100 g Emmentaler, Butter, Salz, Zucker, Pfeffer.
Die gewaschenen und geschälten Spargelstangen halbieren. In einen Topf mit 10 g erhitzter Butter geben, mit Salz und etwas Zucker bestreuen, mit Wasser auffüllen und zugedeckt 20 Minuten dünsten. Inzwischen würfeln Sie Schinken und Käse fein, schlagen zwei Eiweiß mit etwas Salz steif, ziehen die beiden Eigelb darunter, würzen mit etwas Pfeffer und mischen die Käsewürfel mit dem Eierschnee. Nun wird das vorgeröstete Toastbrot mit Butter bestrichen und der Spargel darauf gegeben. Darüber streichen Sie die Schinkenwürfel und geben die Eier-Käse-Mischung darauf. Das Ganze überbacken. Mit Tomatenachteln und Petersilie garnieren.

Diese anspruchsvollen und gehaltvollen Toaste ergeben – zumal zu manchem Toast ein Salat sehr gut paßt – ein komplettes Abendessen. Achten Sie darauf, daß die Toaste auf einem vorgewärmten Teller hübsch garniert serviert werden.

Käse-Wähe siehe *Wähe.*

Käsewähe à la mode du chef. *Das ist eine mit Käse gefüllte Wähe. Bereiten Sie den Teigboden und den Guß für eine gefüllte Wähe nach dem Grundrezept (Stichwort Wähe). Für die Füllung schneiden Sie 100 g Greyerzer in dünne Scheiben und legen diese auf den Teigboden. Mit dem Guß wird die Wähe im Ofen fast fertiggebakken. Dann legen Sie auf jedes Wähenstück noch ein kleines, etwa ½ cm dickes Stück Greyerzer und backen weiter, bis dieses anfängt zu schmelzen.*

Käsewähe marinara. *Bereiten Sie Teigboden und Guß nach dem Grundrezept für gefüllte Käsewähen (Stichwort Wähe). Für die Füllung brauchen Sie 250 bis 300 g Crevetten. Solche aus der Dose spülen Sie gut ab und lassen sie abtropfen, tiefgekühlte müssen vor der Verwendung auftauen. Die Crevetten werden auf dem Teigboden verteilt und mit einer Messerspitze Cayenne überstäubt, bevor der Guß darauf kommt. Versuchen Sie einmal, die Milch für den Käseguß bei dieser Wähe durch Sherry zu ersetzen.*

Käsewähe nach Metzgerart. *Eine nach dem Grundrezept für gefüllte Käsewähen (Stichwort Wähe) hergestellte Wähe wird mit*

Zervelatwurst gefüllt. Dazu schneiden Sie 200 g Wurst in Scheiben oder Würfel und ordnen diese auf dem Teigboden an.

Käsewürfel *passen besonders gut zum Wein. Verwenden Sie dazu einen Hartkäse oder Schnittkäse, den Sie (nicht nur der Optik wegen) mit Paprika überstäuben. Dabei sollten Sie einmal den mürben, fast auf der Zunge schmelzenden Sbrinz probieren.*

Käsezubereitung werden Erzeugnisse aus Käse genannt, denen andere Milcherzeugnisse (ausgenommen Schmelzkäse) und Lebensmittel (Gewürze, Kräuter u. ä.) ohne Schmelzen beigegeben wurden.

Käse-Zwiebelkuchen. *Bereiten Sie Teigboden und Guß nach dem Grundrezept für gefüllte Käsewähen (Stichwort Wähe). Für die Füllung benötigen Sie 100 g Speckwürfelchen und 500–600 g Zwiebeln. Der Speck wird zunächst glasig gebraten und auf den Teigboden gestreut. Die Zwiebeln sollen in Streifen geschnitten und im ausgelaufenen Speckfett glasig gedünstet werden, jedoch ohne daß sie Farbe annehmen. Sie werden als zweite Lage auf dem Teigboden verteilt, darüber kommt der Guß.*

Käswasser siehe *Molke.*

Kalk siehe *Bruch.*

Kalorien. Käse wird für eine moderne Ernährung schon allein deshalb empfohlen, weil er gar keine oder fast keine Kohlenhydrate enthält, dagegen viel *Eiweiß,* wichtige *Mineralsalze, Spurenelemente* und *Vitamine.* Die Zahl der Kalorien allerdings hängt vom Fettgehalt ab, und das Schlimme ist, daß durchweg ein Käse um so besser schmeckt, je höher der Fettgehalt *(Fett i. Tr.)* ist, denn das Fett ist ein wichtiger Aromaträger. Hier die Durchschnitts-Kalorienzahl einiger wichtiger Käsesorten (für je 100 g):

Hartkäse, vollfett, z. B. *Emmentaler*	420
Schnittkäse, vollfett, z. B. *Tilsiter, Edamer*	380
halbfett, z. B. Edamer	280
halbfester Schnittkäse, Rahmstufe, z. B. *Butterkäse*	360
Weichkäse, Rahmstufe, z. B. *Brie, Camembert*	370
vollfett, z. B. Brie, Camembert	300
dreiviertelfett, z. B. Camembert	300
Sauermilchkäse, Magerstufe, z. B. *Harzer, Mainzer*	192

Speisequark, Fettstufe 179
halbfett 124
Magerstufe 88
Siehe auch *Joule*.

kaltgereifte Käse werden einige schweizerische *Halbhartkäse* genannt, die unter besonders niedrigen Temperaturen (6–8 °C) reifen. Sie werden u. a. unter den Namen Belle Suisse, Bel Lago, Doulce Gruyère und Rothkäse verkauft. Es handelt sich um kleine runde Laibe von 1 bis 2 kg Gewicht, mit butterweichem gelbem Teig fast ohne *Löcher*. Da durch die kalte Lagerung die Milchsäuregärung nur unvollständig stattfindet, haben sie ein erfrischend-säuerliches Aroma, das bei der Aufbewahrung nach dem Kauf nur erhalten bleibt, wenn diese ebenfalls unter niedrigen Temperaturen erfolgt.

Kanterkaas siehe *Friese kaas*.

Kasein siehe *Quark*.

Kaseinzeichen. Kennzeichen für Käse dänischen Ursprungs. Das Zeichen ist aus Proteinstoffen des Käses angefertigt, gepreßt und in einer ganz bestimmten Form ausgeschnitten. Es wird bereits in der Form auf den Käse gelegt, wenn er noch weich ist, und während der *Reifung* von der Käserinde als fester Bestandteil aufgenommen.
Das Kaseinzeichen zeigt zuerst durch eine Ziffer den Mindestfettgehalt in der *Trockenmasse* an *(Fett i. Tr.)*. Das Zeichen 45 + bedeutet, wie überall im Zusammenhang mit dänischem Käse, mindestens 45 % Fett i. Tr. Die weiteren Kennzeichen weisen auf den Hersteller und das Datum der Herstellung hin. Die Form des Kaseinzeichens ist bei den verschiedenen *Fettstufen* verschieden, z. B. bei 45 + dreieckig, bei 50 + trapezförmig.
Bei *Weichkäsen, rindenlosen Käsen* und anderen Käsesorten, wo eine Kennzeichnung der Rinde nicht möglich ist, erscheinen die Angaben des Kaseinzeichens auf einem Etikett.

Kauf. Käse ist nicht zur langen *Aufbewahrung* im Haushalt geeignet. Er sollte deshalb nur in Quantitäten gekauft werden, die innerhalb weniger Tage verbraucht werden können. *Hart-* und *Schnittkäse* werden möglichst im Stück gekauft.
Dabei ist der frisch vom Laib geschnittene Käse immer dem vorzuziehen, der vorverpackt in Kaufhäusern und Supermärkten angeboten wird, denn genau wie die Temperatur übt auch die Luft einen Einfluß auf die *Reifung* des Käses aus. Die verschiedenen Arten der Vorverpackung von Käseportionen werden deshalb von Feinschmeckern mit Skepsis betrachtet.
Die Verpackungstechniken:

Folienverpackung.
In Stücke geschnittener, angereifter Käse wird in hauchdünne Kunststoff-Folie eingewickelt, die durch eine heiße Metallplatte gegen den Käse gedrückt wird. Die Folie schrumpft dadurch etwas zusammen und umgibt den Inhalt straffgespannt. Die zwischen Käse und Folie befindliche Luft kann dabei entweichen. Der Verschluß des vorverpackten Produktes geschieht darauf durch Glühplombierung an der Stelle der Rinde. Die Haltbarkeit des auf diese Weise verpackten Käse, vorausgesetzt, daß er im Kühlschrank in unversehrter Packung aufbewahrt wird, beträgt etwa 14 Tage.

Vakuumverpackung.
Die Vakuumbehandlung ist nur durchführbar, wenn die Verpakkung aus feuchtigkeits- und gasdichtem Material besteht, das bedeutend teurer als die normale Folie ist. Gasdichte Materialien sind aber für das Verpacken von Käse mit einer Oberflächenflora von Bakterien ungeeignet. Manchmal kann jedoch eine geringe Gasdurchlässigkeit gerade dadurch, daß das Wachstum von Pilzen verzögert oder sogar gestört wird, ein Plus darstellen. Käsescheiben werden oft in gasdichte Materialien verpackt. Diese Verpackungen werden durchweg nicht vakuum gesogen, sondern mit Stickstoff und Kohlendioxyd (die Käsescheiben kleben dadurch weniger aneinander) gefüllt. Vakuumverpackter Käse ist im Kühlschrank monatelang haltbar.

In Folie angereifter Käse (rindenlos).
Nach dem Pökeln und Trocknen wird der Käse in Folie eingewikkelt, in der in etwa sechs Wochen die Reifung vor sich geht. Darauf wird der Käse in kleine Portionen aufgeteilt, die wiederum in eine völlig abdichtende Folie verpackt werden. Die Luft wird abgesogen und gleichzeitig Stickstoff oder Kohlensäure hineingebracht.

Diese Verpackungsweise bremst die Reifung des Käse. Die Haltbarkeit beträgt etwa einen Monat.

Kennzeichnungspflicht. Gemäß der deutschen Käse-Verordnung muß in den Verkauf kommender Käse gekennzeichnet sein, sei es auf der Verpackung, dem Laib oder durch ein beigegebenes Schild. Die Kennzeichnung muß die Käsegruppe oder Standardsorte nennen (siehe *Deutsche Käsesorten*), die Fettstufe oder den Mindestfettgehalt in der *Trockenmasse (Fett i. Tr.),* den Firmennamen des Kennzeichnungspflichtigen und bei ausländischen Käsesorten das Herstellungsland. Weiterhin muß, falls es sich um Käse aus Schaf-, Ziegen- und Büffelmilch handelt, dies angegeben werden. Gewichtsangaben auf Fertigpackungen beziehen sich auf das Gewicht zum Zeitpunkt der Verpackung. Bei *Frischkäse* muß auf der Verpackung das Datum der Herstellung oder das Mindesthaltbarkeitsdatum angegeben werden.
Wenn Sie genau wissen wollen, wo Ihr Käse produziert worden ist, so achten Sie auf die vor der Kontrollnummer stehende Buchstabenkombination. Sie bedeutet:

BW	Baden-Württemberg
B	Bayern
Bln	Berlin
HB	Bremen
HH	Hamburg
HE	Hessen
NI	Niedersachsen, Regierungsbezirke Hannover, Hildesheim, Lüneburg, Verwaltungsbezirk Braunschweig
NII	Niedersachsen, Regierungsbezirke Aurich und Osnabrück, Verwaltungsbezirk Oldenburg
NW I	Nordrhein-Westfalen, Regierungsbezirke Aachen, Düsseldorf, Köln
NW II	Nordrhein-Westfalen, Regierungsbezirke Arnsberg, Detmold, Münster
RP	Rheinland-Pfalz
S	Saarland
SH	Schleswig-Holstein

Doch lassen Sie sich nicht aufs Glatteis führen: Kennzeichnungspflichtig sind neben dem Hersteller auch der Fertiglagerer, bei portioniertem Käse der Abpacker und bei Importkäse der Einführer.

Kernheim. Betont milder holländischer *Schnittkäse* mit 60% *Fett i. Tr.* Er wird in flachen zylindrischen Formen hergestellt, mit orangefarbener Rinde, und ist unangeschnitten maximal 6 Wochen haltbar. Tiefgekühlt kann er 6 Monate lang aufbewahrt werden.

Kochkäse. Durch Erhitzen zum Schmelzen gebrachter gereifter Sauermilch*quark*. Zur Geschmacksverbesserung werden während des Kochvorgangs in mehr oder weniger großen Mengen Butter, Butterschmalz oder Sahne zugesetzt. Es gibt Kochkäse in allen *Fettstufen*, von der Magerstufe bis zur Doppelrahmstufe.
Ursprünglich wurden zu Kochkäse auch fehlerhafte *Hart-* und *Weichkäse* verarbeitet.
Je nach gewünschter Geschmacksrichtung können Salz, Zucker und Milchzucker, Kümmel und die verschiedensten Kräuter zugegeben werden. Erkaltet ist Kochkäse schnittfest.
Harzer Kochkäse (mit Weißschimmel wie mit Gelbschmiere) wird aus gereiftem und danach gemahlenem Quark geschmolzen.
Kochkäse soll kühl gelagert werden und ist bis zu einer Woche haltbar.
Ganz andere Bedeutung hat der Begriff Kochkäse in der Schweiz. Hier werden (als Aktionskäse) geschmacklich einwandfreie Hartkäse mit Schönheitsfehlern zum verbilligten Preis unter dem Namen Kochkäse angeboten. Solche Schönheitsfehler sind z. B. Unregelmäßigkeiten der Rinde, unregelmäßige Lochung, zu viele *Gläs*spalten. Kochkäse hat hier eine gerillte Rinde.

Kohlenhydrate enthält Käse kaum, denn der Milchzucker wird während der *Reifung* durch die Milchsäurebakterien in Milchsäure umgewandelt. Wo noch Kohlenhydrate zu finden sind, z. B. beim Quark, zeigt das, daß hier der Milchzucker nicht oder noch nicht vollständig vergoren ist.

Korbkäse. In Körben gereifter *Sauermilchkäse*, siehe *Handkäse*.

Kräuter-Fondue. *Einem nach dem Grundrezept (Stichwort Fondue) hergestellten Fondue werden Liebstöckl, Wermut und Estragon zugesetzt. Doch lassen Sie sich durch dieses Rezept nicht verführen, auch andere Kräutermischungen auszuprobieren. Die Regel besagt, daß man – bis auf die obige Ausnahme – beim Fondue keine Kräutermischungen verwenden soll.*

Kräuterkäse siehe *Schabziger.*

Kräutersauce.
Einen kleinen Kegel Schabziger fein reiben. Mit 4 Eßlöffeln Milch, 4 feingehackten Schalotten, 3 Eßlöffeln Öl und 250 g Speisequark (Rahmstufe) verrühren. Nach Geschmack mit etwas Zucker, Paprika oder Worcestershiresauce nachwürzen.
Die Sauce paßt gut zu allen Grilladen.

Kräuterwähe. *Bereiten Sie den Teigboden und den Guß nach dem Grundrezept für gefüllte Käsewähen (Stichwort Wähe). Für die Füllung benötigen Sie 100 g fein gewürfelten Speck und drei bis vier Eßlöffel Kräuter (nach Jahreszeit Dill, Petersilie, Kerbel, Liebstöckl). Den Speck braten Sie glasig und streuen ihn auf den Teigboden. Die Kräuter sollen mit dem Guß vermischt werden.*

Kühlschrank. Käse kann, wie unter *Aufbewahrung* beschrieben, im Kühlschrank frisch gehalten werden. Er sollte aber etwa eine Stunde vor dem Essen herausgenommen und *chambriert* werden, damit sein Aroma voll zur Geltung kommt.

Lab. Das Labferment wird aus der Schleimhaut des Labmagens (vierter Magen) von Saugkälbern (jungen Kälbern) gewonnen. Es bewirkt die Gerinnung des in der Frischmilch enthaltenen *Kaseins.* Seine Wirkung ist bei einer Temperatur von 39 °C am stärksten. Sie setzt bei 20 Grad ein, nimmt bei höheren Temperaturen wieder ab und endet bei 70 Grad.
Wegen des Engpasses bei der Labversorgung läßt die deutsche Käse-Verordnung auch die Verwendung von Lab-Austauschstoffen zu. Den Verbraucher mag es interessieren, daß diese Austauschstoffe von der Behörde genehmigt werden müssen und die Hersteller die genaue Zusammensetzung offenbaren und über zwei Jahre gehende Tierversuche nachweisen müssen, um gesundheitliche Schädigungen auszuschließen.

Labmolke (Süßmolke) siehe *Molke.*

Labkäse. Alle Käse, bei deren Herstellung die *Abscheidung* der *Bruch* genannten Käsemasse durch *Lab* erfolgte (im Gegensatz zum *Sauermilchkäse*).
Gehört ein Käse nicht zu den unter *Handkäse* (deutsche Sorten) und *Sauermilchkäse* (ausländische) aufgeführten, so können Sie davon ausgehen, daß es sich um einen Labkäse handelt.

Lagerquark siehe *Quark.*

Lancashire. Dieser englische *Schnittkäse* wird auch in jüngster Zeit noch in den Farmhäusern gemacht und reift auf Regalen in der Küche. Seine Besonderheit ist die lockere, beinahe körnige Substanz bei mildsahnigem Geschmack. Die *Käsemasse* ist hellgelb, beinahe weiß. Die Produktion erfolgt in hohen zylindrischen Laiben von 9 bis 40 engl. Pfund* Gewicht und daneben neuerdings auch in *rindenlosen* Blöcken von 10 und 40 engl. Pfund. Lancashire wird – zusammen mit etwas Butter und Weißwein – für *Fondue* empfohlen und ebenso zum *Überbacken.*
Laibe, die über die normale Reifungszeit von 4 bis 8 Wochen hinaus gelagert sind, haben einen wesentlich intensiveren Geschmack.

Lauch-Käsewähe. *Bereiten Sie den Teigboden und Guß nach dem Grundrezept für gefüllte Käsewähen (Stichwort Wähe). Für die Füllung benötigen Sie 100 g gewürfelten Speck, 600–800 g Porree, 2 Eßlöffel Paniermehl und 2 Eßlöffel geriebenen Sbrinz. Zunächst braten Sie die Speckwürfel glasig, fügen den in Scheiben geschnittenen Porree dazu und dünsten ihn zugedeckt etwa 20 Minuten. Inzwischen bestreuen Sie den Teigboden mit dem Paniermehl und dem geriebenen Käse. Darüber kommt das ausgekühlte Gemüse und zum Schluß der Guß darauf.*
Die Lauch-Käsewähe soll warm serviert werden.

Laumes. Käse aus der Bourgogne (Frankreich), der während des Reifeprozesses mit Weinbrand oder mit einer Mischung aus Kaffee und Wasser gewaschen wurde.

Leeftijden (Lebzeiten) nennen die Holländer die Alters- und *Reifung*sstufen ihres Käses, wobei zu bedenken ist, daß die Temperaturverhältnisse wesentlich für die Fortschritte der Reifung sind:
Bei niedrigerer Temperatur verläuft die Reifung langsamer. Die einzelnen Stadien werden wie folgt bezeichnet:

jong	mindestens 4 Wochen alt
jong belegen	mindestens 8 Wochen alt
belegen	etwa 4 Monate alt
extra belegen	etwa 7 Monate alt

* 1 Engl. Pfund = 453 g.

oud	etwa 10 Monate alt
overjarig	etwa 1 Jahr alt.

Leicester. Ein englischer *Schnittkäse* von kräftiger roter Färbung. Er ist mild im Geschmack und fällt durch flockiges Aussehen des Teigs auf. Die Struktur wird als körnig angegeben.
Leicester wird in runden Laiben von 9 bis 45 engl. Pfund* Gewicht hergestellt und in *rindenlos*en Blöcken von 10 und 40 engl. Pfund. Er hat eine Reifungszeit von 10 bis 12 Wochen. Bei längerer Lagerdauer wird der Geschmack pikant bis würzig, die Konsistenz entspricht dann unserem Hartkäse.
Die Färbung erhält dieser Käse ebenso wie der Cheshire auf rein pflanzlicher Basis. Es handelt sich um Annato, den Farbstoff des Orleansbaumes, der, in Mittel- und Südamerika heimisch, den Indianern früher Farbe für die Kriegsbemalung lieferte.
Leicester wird in England in erster Linie als Dessertkäse geschätzt.

Leidse kaas (Leidener Käse). Holländischer *Schnittkäse* mit Kümmelzusatz. Es ist ein in Molkereien hergestellter Käse (Fabriekskaas) im Gegensatz zum *Boeren Leidse.* Leidener Käse kommt in zwei *Fettstufen* zum Verkauf: mit einem Mindestfettgehalt von 40% und 20% in der *Trockenmasse (Fett i. Tr.).* Die Bezeichnung ist 40+ und 20+. Letzterer wird mit rotem Paraffinüberzug auf den flachen zylindrischen Laiben in den Verkehr gebracht.
Leidse kaas wird abgelagert bis alt (*belegen, extra belegen* und *oud*) konsumiert.

Limburger. Ein »internationaler« *Weichkäse* mit *Rotschmiere.* Seinen Namen erhielt er von der Stadt Limburg bei Lüttich.
Die Holländer nennen ihn »Limburgse Kaas«. In Deutschland gibt es den Limburger seit etwa 1830. Vom Allgäu aus, wo er lange Zeit neben dem Emmentaler Schlüsselbedeutung für die Milchpreisbildung hatte, verbreitete er sich über ganz Deutschland.
Er wird von halbfett bis zur Rahmstufe hergestellt, in Stangen und in Backsteinform, mit einem Gewicht von 75 bis 1000 g. Limburger hat eine gelblich-braune bis rötliche Haut mit Rotschmiere. Der Teig ist weiß bis gelblich-weiß und mattglänzend, bei fortgeschrittener Reifung weich, geschlossen bis auf vereinzelte kleine *Bruchlöcher.*

* 1 engl. Pfund = 453 g

Der Geschmack ist würzig bis pikant. Geschmack und Geruch sind von dem Fettgehalt (höherer Fettgehalt = milderes Aroma) und vor allen Dingen vom *Reifung*sstadium abhängig. Der Liebhaber pikanten Käses läßt seinen Limburger nach dem Kauf noch ein paar Tage vollständig ausreifen. Der Geruch, der beim jungen Käse als mild, aber herb bezeichnet wird, verstärkt sich mit zunehmender Reife und ist dann nicht jedermanns Sache. Der aus pasteurisierter Milch hergestellte Limburger hat wesentlich weniger Geruch.
Die deutsche Käse-Verordnung unterscheidet:

Halbfettstufe	mindestens	35%	*Trockenmasse*
	mindestens	20%	*Fett i. Tr.*
Dreiviertelfettstufe	mindestens	38%	*Trockenmasse*
	mindestens	30%	*Fett i. Tr.*
Fettstufe	mindestens	42%	*Trockenmasse*
	mindestens	40%	*Fett i. Tr.*
Vollfettstufe	mindestens	44%	*Trockenmasse*
	mindestens	45%	*Fett i. Tr.*
Rahmstufe	mindestens	46%	*Trockenmasse*
	mindestens	50%	*Fett i. Tr.*

Probieren Sie einmal dieses Rezept:

Limburger Vesper.
Deftigen, mittelreifen Limburger in nicht zu dünne Scheiben schneiden. Aus Öl, Essig, Pfeffer und etwas Zucker eine Marinade herstellen. Zwiebeln, Tomaten und Gewürzgurken in feine Scheiben schneiden. Die Zutaten auf Teller verteilen, mit der Marinade übergießen und mit kleingehackter Petersilie und Kresse garnieren. Dazu paßt kräftiges Brot mit Butter.

Livarot. Französischer *Weichkäse* aus der Normandie. Die kleinen, 11 bis 12 cm im Durchmesser und 4 bis 5 cm in der Höhe messenden Laibe werden während der *Reifung* gewaschen und haben eine rötliche Rinde. Die Käse sind oft nach alter Tradition noch mit Riedgras umwickelt. Livarot hat 40 bis 45% Fett in der *Trockenmasse (Fett i. Tr.)*, das entspricht einem absoluten Fettgehalt von 16,8 bis 19,8%.

Löcher entstehen im Käse während der *Reifung*. Durch Gärung bilden sich in der *Käsemasse* Gase, die sich in Blasen – eben den Löchern – sammeln. *Emmentaler* Käse sollen kirschgroße Löcher haben, andere Hartkäsesorten kleinere. Bei vollreifen *Hartkäsen* sammelt sich Saft in den Löchern und bildet später Salzkristalle.

Lunchkaas siehe *Baby Gouda.*

Lurenzeichen. Gütezeichen des dänischen Staates, das Firmen verliehen wird, denen der Export von Käse gestattet ist. Sie erhalten vom Staatlichen Kontrollamt dazu eine Kontrollnummer. Erfüllt die Firma die gestellten Bedingungen nicht oder nicht mehr, so kann das Recht, das Lurenzeichen zu führen, entzogen werden.

mager, Magerkäse, Magerstufe siehe *Fett i. Tr.*

Magerquark siehe *Speisequark.*

Mainzer Käse. *Sauermilchkäse (Gelbkäse),* der in kleinen runden Laibchen von max. 125 g Gewicht in den Handel gebracht wird. Da die Reifung mit Hilfe von Gelb- und Rotschmierebakterien erfolgt, hat der Käse eine leicht klebrige, gelbe Oberfläche; die Masse ist jung fest, später geschmeidig, der Geschmack entsprechend mild bis pikant.

Manicamp. Französischer Käse aus Kuhmilch, aus der Landschaft Thiérache stammend. Er hat viereckige Form.

Manteche. Fetter italienischer Käse in der Art des Butterkäses.

Maribo. Dänischer *Festkäse* mit mildem, frischem, leicht säuerlichem Geschmack. Er wird in flachen runden Laiben hergestellt, die einen Durchmesser von etwa 43 cm und ein Gewicht von etwa 14 kg haben. Daneben gibt es quadratische Laibe bei der *rindenlosen* Herstellung.
Maribo hat eine trockene Rinde von gelblicher Farbe. Die Käsemasse ist kompakt mit vielen kleinen unregelmäßigen *Löchern* in der Größe von Reiskörnern. Sie ist gelb bis weiß. Der Fettgehalt in der *Trockenmasse* beträgt mindestens 45% *(Fett i. Tr.).*

Markenkäse. Mit einem Gütesiegel verbundene Bezeichnung für deutschen Käse; die Berechtigung, beides zu führen, erteilt die Überwachungsbehörde an Betriebe, »wenn der verantwortliche technische Leiter sowie die bauliche und technische Einrichtung des Betriebes die Gewähr dafür bieten, daß der hergestellte oder fertiggelagerte Käse der Güteklasse Markenkäse entsprechen wird.« Markenkäse muß mindestens 40% *Fett i. Tr.* aufweisen.

Maroilles. Viereckiger Käse aus Kuhmilch, stammt aus der französischen Landschaft Thiérache.

Mascarpone. Italienischer *Weichkäse* in der Art des *Camembert.*

Meikaas. Phantasiebezeichnung (kein offizieller Name) für holländischen Käse, der im Mai, also zur Weidezeit des angeblich besonders gehaltvollen jungen Grases, hergestellt ist. Er ist nicht zu verwechseln mit dem *Witte meikaas.*

Middelbare kaas. Holländischer *Edamer* mit einem Gewicht von 5 bis 6½ kg. Er ist mit einer Beimischung von Kümmel (komijn) käuflich. Im Geschmack unterscheidet er sich vom normalen Edamer durch ein etwas milderes Aroma.

Mignon. Viereckiger Käse aus Kuhmilch, aus der französischen Landschaft Thiérache stammend.

Milch. Kuhmilch besteht im Durchschnitt aus

87,5%	Wasser
12,5%	Trockenmasse (Milcheiweiß, Milchfett, Kohlenhydrate, Milchsalze [Mineralsalze], Vitamine, Spurenelemente, Enzyme)

Milch enthält in biologisch ausgeglichenem Verhältnis Nähr- und Wirkstoffe für Aufbau, Erhaltung und Schutz des menschlichen Organismus.

In 100 g Vollmilch sind enthalten:

Eiweiß	3,5	g	Vitamin A	0,028 mg
Fett	4,0	g	+ Karotin	0,017 mg
Kohlenhydrate	5,0	g	Vitamin B_1	0,04 mg
Mineralsalze	0,7	g	Vitamin B_2	0,20 mg
Wasser ca.	87	g	Vitamin C	1,70 mg
Kalorien	68	Kcal		

Milchfett siehe *Fett i. Tr.*

Milchsalze (Mineralsalze) sind im Käse hauptsächlich in Form des für den Aufbau des menschlichen Körpers unentbehrlichen Kalziums und Phosphors, daneben auch als Kalium und Magnesium vorhanden. Die Mineralsalze sind Voraussetzung für einen kräftigen Knochenbau und gesunde Zähne.

Mindesthaltbarkeitsdatum muß bei *Frischkäse* auf der Verpakkung angegeben werden (Deutsche Käse-Verordnung). Es errechnet sich bei einer Lagerung der ungeöffneten Packung bei einer Temperatur von 10 bis 12°C.

Mini Fynbo. Dänischer *Festkäse* von mildem Geschmack. Er kommt in Form einer abgeflachten Kugel mit einem Gewicht unter 1 kg in den Handel. Die trockene, gelbliche Rinde kann mit einem Überzug aus gelbem oder rotem Paraffin versehen werden. Die Laibe sind jedoch meist in rotes Cellophan verpackt. Die hellgelbe Käsemasse ist durchweg geschlossen, einige kleine *Löcher* sind möglich. Mini Fynbo hat einen Mindestfettgehalt von 45% in der *Trockenmasse (Fett i. Tr.).*

Mini Samsø. Dänischer *Festkäse,* entspricht weitgehend dem *Mini Fynbo,* doch beträgt das Gewicht der flach-runden Laibe nur 250 g.

Moitié-Moitié. *Ein besonders mildes Fondue, zu dem Greyerzer »SWITZERLAND« und Freiburger Vacherin à Fondue zu gleichen Teilen verwendet werden.*
Kochen Sie für 4 Personen 300 g Greyerzer Käse zusammen mit 2 dl Weißwein, 1 Kaffeelöffel Zitronensaft und 2 bis 3 gestrichenen Kaffeelöffeln Mehl oder Maizena in dem vorher mit einer Knoblauchzehe ausgeriebenen Caquelon auf (siehe auch Stichwort Fondue). Zum Schluß geben Sie noch 300 g Vacherin à la Fondue hinzu, der grob geraffelt wurde und nur noch schmelzen, nicht mehr mit aufkochen soll. Zur Krönung wie beim Fondue gehört ein Gläschen Kirsch darauf. – Moitié-Moitié soll bei Tisch nur noch heiß gehalten werden, aber nicht kochen.

Molbo. Dänischer *Festkäse;* er wird in 1,5 bis 3 kg schweren Kugeln angeboten, die zwei kleine gegenüberliegende Abflachungen als Liegeflächen haben. Molbo hat grundsätzlich über der

Rinde einen roten Überzug aus Paraffin. Die Käsemasse ist fest, gelblich bis weiß, von wenigen erbsengroßen und kleineren *Löchern* durchsetzt. Das Aroma ist mild, leicht salzig, mit einem säuerlichen Nachgeschmack.
Molbo wird in zwei Fettstufen hergestellt: 45 und 40% Mindestfettgehalt in der *Trockenmasse (Fett i. Tr.)*. Die Kennzeichnung ist 45+ und 40+.

Molke (auch Käswasser, Sirte) wird die aus geronnener Milch ablaufende Flüssigkeit genannt. Süßmolke entsteht, wenn die Gerinnung der Milch mit Hilfe von *Lab* erfolgte, Sauermolke bei Gerinnung durch Milchsäure. Molke enthält Milchzucker, Vitamine und Mineralstoffe sowie Reste des Fett- und Eiweißgehaltes der Milch. Dazu kommt bei Sauermolke die Milchsäure. Molke dient als Viehfutter. Aus vergorener Molke werden Molkeneiweiß (*Ziger*) und Molkenessig hergestellt.

Molkenkäse wird aus Süßmolke oder Sauermolke gewonnen. Durch Erhitzen wird ihr das Wasser entzogen. Zusätze von Milch, Sahne, Molkensahne, Butter, Butterschmalz, Ziegenmilch, Schafmilch oder Büffelmilch sind zulässig (siehe *Mysost, Ziger*).

Mon chou. Holländischer Frischkäse mit 72% *Fett i. Tr. (Doppelrahmstufe)*.

Monsieur fromage. Französischer Käse aus der Normandie. Es handelt sich um kleine delikate Laibe von runder Form, die aus Kuhmilch hergestellt werden.

Montasio. Italienischer *Hartkäse* aus Kuhmilch, der im ganzen Land produziert werden darf. Er hat einen Fettgehalt in der *Trockenmasse (Fett i. Tr.)* von mindestens 40%. Als Tischkäse soll er zwei bis fünf Monate gereift sein, als Reibekäse mindestens 12 Monate. Die Laibe haben zylindrische Form, sie sind nur 6 bis 10 cm hoch bei einem Durchmesser von 30 bis 40 cm und haben ein Gewicht von 5 bis 9 kg. Unter der glatten, elastischen Rinde liegt die hell-strohfarbene Käsemasse. Beim Tischkäse wird sie als kompakt beschrieben, mit wenigen kleinen Löchern. Der auch farblich intensivere Reibekäse dagegen ist von beinahe körnig-bröckeliger Konsistenz. Der Geschmack ist angenehm pikant.

Mont d'Or. Käse aus dem Lyonnais (Frankreich), der aus Kuhmilch (früher Ziegenmilch) hergestellt wird.

Montechi. Italienischer *Weichkäse* in der Art des Camembert.

Mothe-Saint-Héray. Ziegenkäse aus der französischen Landschaft Poitou. Er wird zur Reifung auf Platanenblätter gelegt.

Mozzarella. Italienischer *Frischkäse,* der in aller Welt als Auflage für Pizzas beliebt ist. Er entwickelt erst dort sein feines Aroma.
In zunehmendem Maße wird Mozzarella auch aus Dänemark importiert. Die Blöcke haben ein Gewicht von 225 g und 2,2 kg. Dänischer Mozzarella wird in zwei Fettstufen produziert und hat 45 oder 30% Mindestfettgehalt in der *Trockenmasse (Fett i. Tr.).* Sein Aufbau soll fast dicht sein, der Geschmack wird als milde angegeben, dabei leicht säuerlich. Die Farbe muß weiß bis ganz hellgelb sein.

Münsterkäse (Munsterkäse). *Weichkäse* in der Art des *Limburger (Rotschmierenkäse).* Seinen Namen erhielt er vom Münstertal in den Vogesen. Er wird *vollfett* und in der *Rahmstufe* hergestellt, mit mindestens 44 bzw. 46% *Trockenmasse,* in kleinen runden Laiben mit 80 bis 1000 g Gewicht. Der 3 bis 4 Wochen reifende Teig ist geschmeidig und weiß, von geschlossener Beschaffenheit, die Haut mit gelblich-roter Schmiere überzogen. Der Geschmack wird als »von eigenartiger Würze, mild bis fein«, bezeichnet, und diese Eigenart wird auf granithaltige Weidegründe der Erzeugungsregion zurückgeführt.
Münsterkäse wird allerdings mit zunehmender Reife bald pikanter.

Mycella. Dänischer *Edelpilzkäse* mit einem milderen Geschmack als der der *Danablu.* Auch er kann sowohl geschnitten als auch gestrichen werden.
Mycella wird in 14 bis 16 cm hohen zylindrischen Formen hergestellt mit einem Durchmesser von 23 bis 28 cm und einem Gewicht zwischen 5 und 9 kg. Er hat eine weiße bis braune, trockene, manchmal etwas fettige Rinde. In der sahnefarbenen Käsemasse liegt gleichmäßig verteilt der blaugrüne Schimmel. Mycella hat mindestens 50% Fettgehalt in der *Trockenmasse (Fett i. Tr.).* Er wird oft in Silberfolie verpackt angeboten.

Mynster. Dänischer *Festkäse* mit hohem Fettgehalt und mildem Geschmack. Mynster wird in flachen, zylindrischen Laiben hergestellt, die etwa 7 cm hoch sind, einen Durchmesser von 25 cm haben und 4 bis 5 kg wiegen. Sie werden oft in Silberfolie verpackt angeboten. Die Laibe haben eine trockene, gelbliche Rinde, die mit einem Schutzüberzug aus Paraffin versehen sein kann. Die Käsemasse entspricht einem Schnittkäse, ist gelblich bis weiß in der Färbung und hat eine kleinere Anzahl runder *Löcher.* Der Fettgehalt in der *Trockenmasse* beträgt mindestens 50% *(Fett i. Tr.).*

Mysost. Durch Eindampfen von Molke gewonnener »Molkenkäse«, wird in Skandinavien hergestellt. Süß-salziger Karamelgeschmack. Durch Beigabe von Ziegenmilch entsteht *Gjeteost.*

Nagelkaas siehe *Friese kaas.*

Neuenburger Fondue *entspricht dem im Stichwort* Fondue *beschriebenen Grundrezept, allerdings mit Neuenburger Wein hergestellt.*

Nidwaldner Bratkäse siehe *Bergkäse.*

Niolo. Korsischer Käse aus Schaf- oder Ziegenmilch, mit viereckiger Form.

Obatzter siehe *Resteverwertung.*

Obwaldner Käsekuchen. *Für ein Blech von 28–30 cm Durchmesser brauchen Sie folgende Zutaten: Kuchenteig: 50 g geriebener Sbrinz »SWITZERLAND«, 200 g Mehl, 100 g Butter, 1 dl Wasser, 1 Eßlöffel Essig, 1 Teelöffel Salz.*
Füllung: je 150 g geriebener Emmentaler »SWITZERLAND« und Sbrinz »SWITZERLAND«, 2 dl Milch, 2 dl Sahne, 2 Eier, Muskat, Salz.
Sbrinz und Mehl werden gemischt, die Butter in Flocken untergerührt. Nun fügen Sie Wasser, Salz und Essig zu und kneten rasch einen Teig, den Sie zugedeckt eine Stunde ruhen lassen. Sie rollen ihn etwa 3 mm dick aus und drücken ihn mit einer Gabel fest auf das Blech. Nun werden die beiden miteinander gemischten Käsesorten auf den Teig gestreut. Milch, Sahne, Eigelb und Gewürze verquirlen Sie miteinander, schlagen das Eiweiß steif, ziehen es darunter und gießen das Ganze über den mit Käse bedeckten Teigboden. Der Kuchen muß bei guter Unter- und schwacher Oberhitze 30 bis 35 Minuten backen.

Olivet. Käse aus dem Orléannais (Frankreich). Olivet bleu ist ein *Edelpilzkäse*, der oft in Wein- oder Platanenblätter verpackt wird. Olivet cendré ist ein trockener Käse aus Kuhmilch. Er wird in der Asche von Rebholz aufbewahrt.

Olmützer Quargel. *Sauermilchkäse*, der durch Gelb- und Rotschmierebakterien zur *Reifung* kommt. Kleine Laibchen werden zu Rollen zusammengestellt. Feste Masse, gelbe, etwas klebrige Oberfläche, *Fett i. Tr.* unter 10%. Der Geschmack ist pikant bis sehr pikant.

Oloron. Cremiger Käse aus Schafmilch, stammt aus der französischen Landschaft Béarn, genauer gesagt aus dem Vallée d'Ossau, einem Pyrenäental mit dem Hauptort Laruns.

Orsières. *Walliser Käse* aus dem Val d'Entremont (einem Nebental des Rhônetals in den Walliser Alpen), dessen Hauptort Orsières ist.

Ostschweizer Fondue *wird zu je einem Drittel aus Appenzeller »SWITZERLAND«, Emmentaler »SWITZERLAND« und Freiburger Vacherin à Fondue hergestellt, unter Verwendung kräftigen, bodenständigen Apfelweins. Dazu servieren Sie Bauernbrot (siehe Stichwort Fondue).*

Oud. Bezeichnung für holländischen Käse, der etwa 10 Monate alt ist. Siehe *Leeftijden.*

Overjarig. Bezeichnung für holländischen Käse, der etwa 1 Jahr alt ist. Siehe *Leeftijden.*

Parakasein siehe *Bruch.*

Parmesankäse siehe *Parmigiano Reggiano.*

Parmigiano Reggiano. Das ist der richtige Name des italienischen, auch bei uns so bekannten und beliebten Parmesankäses. Er wird in der ganzen Welt als Reibekäse benutzt. In der Gegend von Parma, das ihm seinen Namen gab, soll er schon vor etwa zweitausend Jahren hergestellt worden sein; Plinius erwähnte ihn.
Parmesankäse ist ein halbfetter *Hartkäse,* sein Fettgehalt beträgt nur 32% in der *Trockenmasse (Fett i. Tr.).* Er wird aus teilweise entrahmter Kuhmilch hergestellt. Die zylindrischen Laibe sind 18

bis 24 cm hoch und haben einen Durchmesser von 35 bis 45 cm. Ihr Gewicht ist mindestens 24 kg. Bei ein- bis dreijähriger *Reifung* wird der Parmesankäse so hart, daß er nicht mehr geschnitten, sondern mit einem Spezialmesser gebrochen wird. Nach der Ausformung verbringen die Laibe 3 Wochen in einer Salzlauge. Auf die glatte Rinde kommt ein öliger Schutzanstrich von dunkelbrauner Färbung, der von Zeit zu Zeit mit Olivenöl weiterbehandelt und aufgefrischt wird. Die Käsemasse ist leicht strohfarben, von körniger Konsistenz, mit kleinen, kaum sichtbaren *Löchern*, das Aroma wird als wohlriechend, der Geschmack als mild beschrieben. Parmesankäse wird in der Gegend um Bologna, Modena und Parma hergestellt.

pasteurisierte Milch siehe *Kässereimilch*.

Penicillium Camemberti und **Penicillium Candidum.** Schimmelpilz zur Herstellung von *Weichkäse* mit Weißschimmel.

Penicillium Rocqueforti. Schimmelpilz zur Herstellung von *Edelpilzkäse*.

Pecorino romano (Römischer Schafkäse). Ein *Hartkäse* von pikantem Geschmack. Er wird in den Provinzen Cagliari, Frosinone, Grosseto, Latina, Nuoro, Roma, Sassari und Viterbo hergestellt. Die zylindrischen Laibe haben eine Höhe von 14 bis 20 cm und ein Gewicht von 8 bis 20 kg. Sie haben einen Überzug von Ölhefe, kastanienbraunem Talg oder spezieller Erde, der von Zeit zu Zeit mit Olivenöl behandelt wird. Die Käsemasse ist kompakt und weiß bis hell-strohfarben. Der Fettgehalt in der *Trockenmasse* (*Fett i. Tr.*) muß mindestens 36% betragen.
Römischer Schafkäse wird jung als Tischkäse und nach längerer *Reifung*szeit als Reibekäse verwendet.

Pecorino siciliano (Sizilianischer Schafkäse) wird tatsächlich nur in Sizilien hergestellt. Es ist ein *Hartkäse* mit 40% Fettgehalt in der *Trockenmasse* (*Fett i. Tr.*). Die Laibe haben eine zylindrische Form, sind zwischen 4 und 12 kg schwer und 10 bis 18 cm hoch. Sie haben eine weiß-gelbliche Rinde und darüber einen Überzug aus Öl oder Ölhefe. Die Käsemasse ist kompakt, weiß bis strohfarben, mit wenigen *Löchern* und von pikantem Geschmack.
Sizilianischer Schafkäse wird jung als Tischkäse und nach längerer *Reifung*szeit als Reibekäse verwendet.

Persillé de Savoie. Ziegenkäse mit blauen bis blaßgrünen Streifen (Edelpilzkäse) aus Savoyen (Frankreich). Manchmal wird etwas Kuhmilch beigegeben.

Petit suisse. Schweizerischer und französischer ungesalzener *Rahmfrischkäse.*

phosphorsaurer Kalk siehe *Bruch.*

Picodon de Dieulefit. Ziegenkäse von pikantem Aroma aus der Dauphiné (Frankreich). Der *Reifungs*prozeß findet in Steinguttöpfen statt.

Pilzkuchen. *Bereiten Sie Teigboden und Guß nach dem Grundrezept für gefüllte Käsewähen (Stichwort Wähe). Für die Füllung benötigen Sie 300–600 g frische Pilze (Champignons, Pfifferlinge, Maronen oder Mischpilze) oder 250–500 g Pilze aus der Dose oder 40–60 g getrocknete Pilze. Die Pilze werden geputzt und zerkleinert. Dosenpilze sollen gut abtropfen, getrocknete Pilze werden 10 bis 15 Minuten in lauwarmem Wasser eingeweicht. Nun dünsten Sie die Pilze in etwa 30 g Butter fünf bis zehn Minuten lang, lassen sie abkühlen und verteilen sie auf dem Teigboden. Darauf kommt der Käseguß.*

Pink Fondue. *Eine in erster Linie farbliche Variante des Grundrezeptes (Stichwort Fondue): Zum Pink Fondue wird hellroter Wein aus der Ostschweiz verwendet.*

Pithiviers au foin. Weicher Käse aus dem Orléannais (Frankreich). Er wird aus Kuhmilch hergestellt und zum Reifen in Heu oder Stroh gelegt.

Pizza. *In Italien ein einfaches Gericht, um das man nicht viel Aufhebens macht, doch hat es sich international durchgesetzt. Pizzerien findet man überall in Europa, von Sizilien bis zum Nordkap. Die Tiefkühltruhe macht die Pizza zum idealen Gericht für die unter Zeitnot leidende berufstätige Hausfrau und für den Junggesellen. Doch bei allen Vorteilen der Fertiggerichte sollten Sie einmal versuchen, selbst eine Pizza zu machen. Vielleicht finden Sie dabei Ihre ganz spezielle Pizza in der Vielfalt der Möglichkeiten.*
Am weitesten verbreitet und als »echte Pizza« bezeichnet wird die

Pizza napoletana mit einer Auflage aus Tomaten, Sardellen und Käse, deren Herstellung hier als Grundrezept beschrieben werden soll.

Pizza napoletana.
Kenner behaupten, der beste Teig wäre Brotteig vom Bäcker. Wollen Sie selbst den Teig bereiten, so benötigen Sie dazu 500 g Mehl, 30 g Hefe und etwas Salz. Das Mehl wird auf ein großes Brett gesiebt. In die Mitte machen Sie eine Vertiefung und geben die Hefe hinein. Dazu geben Sie soviel Wasser, daß Sie damit aus Mehl, Hefe und evtl. etwas Öl einen leichten geschmeidigen Teig kneten können. Er muß sehr gut geknetet werden. Denken Sie daran, wie die Pizzabäcker den Teig in die Höhe werfen und mit ihrem Brett wieder auffangen. Nun schlagen Sie den Teig zusammen, machen kreuzweise in die Oberfläche zwei Einschnitte und legen ihn zum Aufgehen in eine mit Mehl ausgestreute und mit einem Tuch bedeckte Schüssel, die sie etwa 3 Stunden an einem warmen Ort stehen lassen, bis der Teig etwa das Doppelte seines ursprünglichen Umfangs hat. Dann ziehen Sie den Teig auseinander, passend für das eckige Backblech oder runde Formen. Die Bleche müssen gut eingeölt sein.
Auf den Teig legen Sie nun den Belag. Er besteht bei der Pizza napoletana aus 500 g Tomaten, 400 g Mozzarellakäse, 4 gesalzenen Sardellenfilets, Oregano und etwas Öl.
Die Tomaten werden entweder in dicken Scheiben oder enthäutet und entkernt und in Stücke geschnitten auf dem Teig verteilt, mit Käsescheiben und darüber den Sardellenfilets belegt, und zuletzt wird das Ganze mit Oregano bestreut und mit Öl beträufelt.
Die Pizza wird bei 200 °C im heißen Ofen gebacken und heiß serviert.
Nach Belieben können Sie ausgehend von diesem Grundrezept den Belag verändern, mischen oder – wie bei der Pizza quattro stagioni – auf verschiedene Sektoren verteilen. Hier ein paar Anregungen:

Pizza con funghi: *Als Belag nehmen Sie 500 g in Scheiben geschnittene Tomaten, 500 g Champignons, blättrig geschnitten, 100 g geriebenen Parmesankäse.*

Pizza con prosciutto e olive: *Belag aus 200 g gekochtem Schinken, 150 g Fontinakäse und schwarzen Oliven.*

Pizza Margherita: *Wie Grundrezept, ohne Sardellen.*

Pizza marinara: *Belag aus Tomaten und Käse wie Grundrezept, ergänzt durch eine in dünne Scheiben geschnittene Knoblauchzehe.*

Pizza quattro stagione (vier Jahreszeiten): *Belag aus 500 g in Scheiben geschnittenen Tomaten, 800 g Muschelfleisch, 300 g Champignons (feinblättrig geschnitten), 100 g gekochtem Schinken, einem Ei und 400 g Mozzarellakäse.*

Wenn man den Teig mit Sardellenpaste oder Tomatenmark bestreicht, ehe der eigentliche Belag folgt, wird die Pizza recht pikant. Sie werden staunen, was man alles auf eine Pizza legen kann. Versuchen Sie es mit Scheiben von Mortadella oder Salami, Crevetten, Paprika, mit Artischockenherzen, gedämpften Zwiebeln, scharfen Peperoni, Garnelen und immer wieder Oliven, schwarz und grün.
Zur Pizza ist ein frischer gemischter Salat die rechte Ergänzung, und als Getränk kann ein leichter Weißwein genauso empfohlen werden wie Bier.

Poivre-d'âne. Französischer Ziegenkäse aus der Provence, mit Pfefferkraut, Bohnenkraut und Rosmarin gewürzt.

Pont l'Evêque. Kräftiger *Weichkäse* aus Frankreich. Er soll schon im 15. Jahrhundert im gleichnamigen Dorf in der Normandie hergestellt worden sein. Pont l'Evêque besteht aus Kuhmilch und hat eine goldgelbe Rinde, die während des *Reifungs*prozesses gewaschen wird. Er wird in etwa 10 cm in der Länge und 3 cm in der Höhe messenden viereckigen »Carrées« hergestellt. Der Fettgehalt in der *Trockenmasse (Fett i. Tr.)* ist 50%, das entspricht einem absoluten Fettgehalt von 23%.

Port-du-Salut. Ein runder Käse aus Kuhmilch, der in der Bretagne (Frankreich) hergestellt wurde. Nicht zu verwechseln mit dem bei uns angebotenen Port Salut.

Pressato. Italienischer halbfetter *Hartkäse* aus Kuhmilch. Mit einer *Reifungs*zeit von 40 bis 60 Tagen wird er nur als Tischkäse angeboten. Die Laibe sind von flach-zylindrischer Form, 9 bis 13 cm hoch, mit einem Durchmesser von 32 bis 40 cm. Ihr Gewicht liegt zwischen 9 und 14 kg. Unter der dünnen elastischen Rinde liegt weiß bis strohfarben die Käsemasse. Sie hat eine unregelmäßige Lochung und ist von angenehm mildem Geschmack. Pressato hat einen Mindestfettgehalt in der *Trockenmasse (Fett i. Tr.)* von 30%.

Pressen. Vorgang bei der Erzeugung von *Hart-* und *Schnittkäse* nach dem *Brennen.* Die noch etwa 50 Grad Celsius heiße *Käsemasse* wird in Formen gefüllt und so gepreßt, daß die gewünschte Menge von *Molke* abläuft. Bei einem anderen Verfahren wird die Käsemasse in Stücken auf den Spanntisch gelegt und das Ablaufen der Molke ohne weitere Einwirkung abgewartet.
Entsprechend der Vielfalt der Käsesorten und ihrer Handelsformen variiert auch der Prozeßvorgang. Kastenartige Formen sind außen mit Löchern zum Ablaufen der Flüssigkeit versehen. Die bekannten runden und flachen Formen der Hartkäse und der meisten Schnittkäse *(Halbhartkäse)* bestehen aus einem Holzreif, der die Form des Laibes ergibt (Yärb).

Protein siehe *Eiweiß.*

Provole. Käse aus Apulien (Italien). Er wird oft geräuchert angeboten.

Provolone. Italienischer *Hartkäse* aus Kuhmilch, der in einer Form, die an dicke Gurken, Birnen und Melonen erinnert, zum Verkauf kommt. Das Gesetz bezeichnet die »kegelförmige Birne« als normal. Die Laibe werden durch Schnur »gestützt«.
Provolone hat einen Mindestfettgehalt von 45% in der *Trockenmasse (Fett i. Tr.).* Nach nicht mehr als drei Monaten *Reifung*szeit wird er als Tischkäse verkauft, nach einer Reifung über 6 bis 12 Monate als Reibekäse. Die Laibe sind 36 bis 45 cm lang, sie haben ein Gewicht zwischen 1 und 6 kg; die Rinde wird als glatt, dünn und glänzend beschrieben. Sie ist von goldgelber bis hellbrauner Färbung. Die Käsemasse selbst ist kompakt – kleine *Löcher* können, müssen aber nicht vorkommen. Je nach Reifungsdauer ist die Färbung fast weiß bis strohgelb und der Geschmack verstärkt sich vom butter-milden Aroma bis ausgesprochen pikant.

Pyramide siehe *Valençay.*

Pyrenäenkäse. *Hartkäse* aus Kuhmilch, kommt aus dem Südwesten Frankreichs. Die Laibe sind kugelrund und haben ein Gewicht von 4 bis 6 kg, sie sind von einer schwarzen Rinde umgeben.

Der Geschmack ist haselnußartig mild. Pyrenäenkäse hat 45 bis 50% Fett in der *Trockenmasse (Fett i. Tr.)*, was einem absoluten Fettgehalt von 22,5 bis 27,5% entspricht.

Quargel siehe *Olmützer Quargel.*

Quark (Sauermilchquark). Bei der Käse-Erzeugung wird unterschieden zwischen

Quark als Zwischenstufe der Herstellung von *Sauermilchkäse* und

Speisequark (Frischkäse).

In neuerer Zeit hat die Produktion dieser beiden Stoffe nichts mehr miteinander zu tun und wird streng getrennt betrieben, wobei die Produktion von Speisequark die des Sauermilchkäses um ein Vielfaches übertrifft.

Quark entsteht durch das Dicklegen von Milch (die vorher auf die gewünschte *Fettstufe* eingestellt wurde, auch Magermilch). Die *Abscheidung* erfolgt durch Milchsäurebakterien, entweder spontan oder nach Zufügung entsprechender Kulturen. Der Vorgang dauert etwa 4 bis 5 Stunden. Es wird nur pasteurisierte Milch verarbeitet. Dann wird die Quarkmasse auf 40 bis 45° C erhitzt und dabei gerührt, um eine geschmeidige und leicht körnige Konsistenz zu erzielen. In Säcke oder Tücher gepackt wurde die Masse früher in einer Quarkpresse von der Molke befreit. Das geschieht heute mit Hilfe von Quarkzentrifugen.

Quark ist im Gegensatz zum *Bruch* klebrig und nicht elastisch, er soll von reinem, säuerlichem Geschmack sein.

Buttermilchquark wird aus einer Mischung von Buttermilch und Magermilch hergestellt.

Schichtkäse besteht aus mehreren, meist drei Schichten von Quark, deren mittlere von höherem Fettgehalt ist, was zu einem gelben Aussehen führt.

Eiweißquark entsteht durch die Abscheidung des Gerinnsels der Molke.

Lagerquark ist ein besonders trockener Quark.

Standquark wird in der Quarkmühle gemahlen, mit 2 bis 4% Salz angerührt und in Tonnen fest eingestampft, was zu einer besonders langen Haltbarkeit führt.

Quart Maroilles siehe *Maroilles.*

Quiche Marseillaise. *Das ist eine Käsewähe mit einer Füllung aus*

Gemüse. Bereiten Sie nach dem Grundrezept für eine gefüllte Käsewähe (Stichwort Wähe) Teig und Guß. Für die Füllung benötigen Sie 500–600 g Zucchetti, grüne und rote Paprikaschoten, Auberginen, Majoran und Thymian zum Würzen. Zuerst belegen Sie den Teigboden dicht mit etwa 1 cm dicken Scheiben ungeschälter Zucchetti, darauf folgen die in Streifen geschnittenen Paprikaschoten und schließlich Würfel von ungeschälten Auberginen. Zum Abschluß werden die Würzkräuter darüber gestreut.

Rabbinale kaas. Ein spezieller Käse, der den Speisevorschriften orthodoxer Juden entspricht. Er wird in Holland produziert und erhält neben der üblichen Deklaration eine Gummimarke, die in hebräischer Schrift bestätigt, daß er unter rabbinaler Aufsicht hergestellt wurde. Er entspricht weitgehend dem *Gouda* und hat einen Mindestfettgehalt von 48% in der *Trockenmasse (Fett i. Tr.).*
Der Käse wird meistens am Montagmorgen zubereitet, wenn die Fabrik blitzsauber ist, und es stehen dazu Apparaturen zur Verfügung, die für den normalen Produktionsgang keine Verwendung finden. Der Rabbiner bringt das *Lab* von koscher geschlachteten Kälbern mit, auf die Beigabe von Farbstoffen wird verzichtet.
Der Rabbinale kaas wird in Gewichtseinheiten von 450 g, 4–5 kg und 10 kg hergestellt.

Raclette. *Ein uraltes Walliser Bauernessen, das, wenn es in seiner ursprünglichen Form zubereitet wird, eine ganz besondere Stimmung erzeugt und besonders für den Landfremden zum unvergeßlichen Erlebnis wird. Am offenen Feuer wird ein halber Laib Walliser oder Gomser Käse so lange erhitzt, bis die gegen das Feuer gehaltene Schnittfläche goldgelb ist und schmilzt. Nun wird der geschmolzene Käse mit einer geschickten Handbewegung, an der man den geübten Raclettefreund erkennt, mit dem Messer auf die angewärmten Teller abgestrichen und zu in der Schale gekochten Kartoffeln und allerlei pikanten Beigaben, wie Cornichons, Mixed Pickles und eingelegten Maiskölbchen gegessen, während am Feuer die nächste Portion schmilzt.*
Wem die großen Laibe zu unhandlich sind, der kann ein kleineres rindenloses Stück Käse (am besten eignet sich dazu der in der gesamten Schweiz hergestellte Schweizer Raclettekäse) auf die Barbecuegabel stecken und es am offenen Kaminfeuer braten. Am einfachsten ist die Raclette-Zubereitung mit dem in der Schweiz weit verbreiteten elektrischen Raclette-Ofen, in dem in Portio-

nen-Pfännchen der Käse geschmolzen und dann über die Kartoffeln gegossen wird.

Raclette-Kartoffeln. *Zutaten für 4 Personen: 800 g gleichmäßig große Kartoffeln, 300 g Raclettekäse (Walliser Käse, Schweizer Raclettekäse).*
Die Kartoffeln in der Schale kochen, pellen, der Länge nach halbieren und mit der flachen Schnittseite nach oben in eine flache, gut gebutterte Auflaufform geben. Den Käse in etwa 3/4 cm dicke Scheiben schneiden und auf die Kartoffeln legen. Im vorgeheizten Ofen bei starker Hitze überbacken, bis der Käse schmilzt.
Schmeckt herrlich zu Salat oder Mixed Pickles.

Rässkäse. Schweizer *Halbhartkäse* aus dem Appenzeller Land. Er wird wie der *Appenzeller* während der *Reifung* mit Sulz behandelt, doch ist er im Gegensatz zu diesem nur *viertelfett.* Der Teig ist bleich, doch das würzige Aroma um so intensiver.

Ragusano. Italienischer *Hartkäse* aus Kuhmilch. Mit einer *Reifungs*dauer bis zu 6 Monaten wird er als Tischkäse, mit längerer Reifungszeit als Reibekäse verkauft. Die Laibe haben ein Gewicht zwischen 6 und 12 kg, eine glatte dünne Rinde von gelblicher Färbung für Tischkäse und einen dunkelbraunen Überzug aus Ölhefe für Reibekäse. Die Käsemasse ist gelb bis strohfarben mit wenigen *Löchern.* Der Geschmack soll mild und delikat beim Tischkäse, würziger beim Reibekäse sein. Ragusano hat einen Mindestfettgehalt von 44 % in der *Trockenmasse (Fett i. Tr.).*

Rahmcamembert suisse. Schweizer *Weichkäse* in der Art des *Camembert,* besonders mild, rahmig, weich.

Rahmfrischkäse. Diese Käse bestehen aus mit Rahm angereicherter Vollmilch, die durch *Lab* zur Abscheidung gebracht wurde. Der dadurch entstehende *Bruch* wird fein gemahlen und ohne weitere Bearbeitung oder *Reifung* in den Handel gegeben. Bekannteste Sorten sind Gervais und Philadelphia. Gemäß dem Fettanteil unterscheidet man Rahmfrischkäse (auch Vollrahmfrischkäse) und Doppelrahmfrischkäse:

Rahmfrischkäse	mindestens	39%	*Trockenmasse*
	mindestens	50%	*Fett i. Tr.*
Doppelrahmfrischkäse	mindestens	44%	Trockenmasse
		60–85%	Fett i. Tr.

Rahmfrischkäse ist nur verhältnismäßig kurze Zeit haltbar, auf der Verpackung muß das Herstellungsdatum oder das Mindesthaltbarkeitsdatum angegeben werden. Er ist beliebt zum Frühstück und Dessert und wird, wie Quark, im Haushalt oft gern mit Milch, Gewürzen und Kräutern zu Brotaufstrich, Dips und Saucen verarbeitet.

Rahmstufe siehe *Fett i. Tr.*

Rarebits siehe *Käseschnitten.*

Rauchkäse, Räucherkäse, geräucherter Käse. Käsehersteller sind dazu übergegangen, die verschiedensten Sorten von *Hart-* und *Schnittkäse* nach Abschluß der *Reifung* zu räuchern. Dabei variiert der typische Rauchgeschmack von mild bis scharf. Rauchkäse hat eine gute Haltbarkeit.

Ravegiolo. Italienischer Ziegenkäse.

Reblochon. *Weichkäse* mit *Rotschmiere*, kommt aus der Schweiz oder aus Savoyen. Er wird in kleinen runden Laiben angeboten. Der Teig ist weich und schmiegsam. Der Reblochon ist von einem für einen Rotschmierenkäse ungewöhnlich mildem Aroma.

Rechthoekige kaas (rechteckiger Käse) siehe *Vierkante kaas.*

Red Cheshire siehe *Cheshire.*

Reggiano siehe *Parmigiano reggiano.*

Reifung. Nach dem *Pressen* in Formen wird die *Käsemasse* gesalzen. Bestimmte Käsesorten *(Hartkäse)* werden in einer Salzlösung gebadet und die Laibe auch während des Reifevorgangs mit Salzlösung abgerieben, damit die Bakterien ausreichende Bedingungen für ihre Arbeit haben. Bei der Reifung finden chemische Prozesse statt, die dem Käse den sortentypischen Geruch und Geschmack *(Aroma)* geben. – Bei Hartkäse gilt als Richtschnur, daß der junge Käse bei einer Temperatur von 12 bis 18° C heranreift, der ältere dann im kühleren Keller bei 8 bis 10° nachreifen soll. Bei diesem Reifungsprozeß entstehen die *Löcher* im Käse. Auch die Reifungsdauer ist unterschiedlich. Sie beträgt bei Hartkäse 3 bis 12 Monate, bei allen anderen Käsesorten 3 bis 12

Wochen. In den Reifekellern liegt die Luftfeuchtigkeit bei 80 bis 95%. – Der Prozeß der Reifung wird durch Fingerdruck, Beklopfen des Käselaibes und Entnahme von Proben beobachtet. Bei Hartkäse gibt es dazu den Käsebohrer, bei Weichkäsen wird eine Ecke des Laibes abgeschnitten. Ecken und Bohrstücke werden nach der Prüfung wieder eingesetzt und Risse verschmiert, da in den Laib eindringende Luft zu unerwünschter Schimmelbildung führt. – Der Reifungsprozeß besteht im wesentlichen im Abbau des *Eiweißes* durch Fermente, wobei die Geruchs- und Geschmacksstoffe frei werden, und durch gleichzeitige Veränderung von Milchzucker und Fett.

Edelpilzkäse werden lagenweise gemeinsam mit Schimmelpilzkulturen in die Formen zum Reifen gegeben.

Während *Hart-* und *Schnittkäse* voll gereift zum Verkauf kommen, gehen *Weich-* und *Sauermilchkäse,* bei denen sich der Reifeprozeß von außen nach innen vollzieht, in einem Zustand an den Handel und Verbraucher, in dem die Mitte des Laibes noch weiß und oft von bröckliger Konsistenz ist. Bei allen Käsesorten intensiviert sich mit zunehmender Reife der Geschmack.

Resteverwertung. *Schnittkäse, der ausgetrocknet ist und überreifer Weichkäse können durchaus sinnvoll verwendet werden.*

Hart- und Schnittkäse: *Käse, der an den Rändern ausgetrocknet und unansehnlich geworden ist, kann zu schmackhaften Käsesalaten verarbeitet werden und dient zum Überbacken. Ist der Käse jedoch schon sehr ausgetrocknet, dann verwenden Sie ihn als Reibekäse.*

Weichkäse: *Überreifer Weichkäse wird mit Butter und Kräutern vermischt und ist damit wieder ein exzellenter Brotaufstrich. Es gibt die Faustregel, daß je reifer und strenger der Käse ist, desto mehr Butter und Kräuter hinzugegeben werden, ganz gleich, ob es sich um Weißschimmelkäse oder Rotschmierenkäse handelt. Ein Rezept für überreifen Weißschimmelkäse ist*

Der Obatzte: *Ein Camembert wird mit der Gabel zerdrückt und mit 2 Teelöffel Butter gut vermengt. Dann geben Sie kleingehackte Zwiebel, Kümmel, Pfeffer und Paprika dazu. Viel Paprika, damit der Obatzte schön rot wird.*

Riceys. Käse aus der Champagne (Frankreich). Er wird aus Kuhmilch hergestellt und vielfach in der Asche von Rebholz gewälzt.

Ricotta. Italienische Bezeichnung für *Quark.*

Rigotte de Condrieu. Kleiner Käse aus dem Lyonnais (Frankreich) aus Ziegenmilch und Kuhmilch.

Rindenloser Käse. Unter dieser Bezeichnung werden holländische, englische und verschiedene dänische Käsesorten (Samsø, Maribo, Havarti u. a.) angeboten, die nach dem Salzen in Klarsichtfolie verpackt werden und so reifen. Es findet also keine Oberflächen*reifung* statt. Diese rindenlosen Käse, die insbesondere beim Handel wegen des geringen Schwundes beim Aufschneiden beliebt sind, haben durchweg milderen Geschmack als die gleichen Sorten mit Rinde und Oberflächenreifung.
Bei Käse anderer Herkunft kann es sein, daß es sich um *Schmelzkäse* handelt.

Rindless. Holländischer *rindenloser Käse,* der in einer Plastikfolie gereift ist. Diese Fabrikationsart ist für *Gouda* und *Edamer* eingeführt. Es werden 12 und 10 kg schwere Blöcke hergestellt.

Robiola. Italienischer *Weichkäse* in der Art des *Camembert.*

Römischer Schafkäse siehe *Pecorino romano.*

Rollot. Weicher Käse aus Kuhmilch, der in der Picardie (Frankreich) hergestellt wird. Er ist herzförmig oder rund und hat eine rötliche Rinde.

Romadur. *Weichkäse* mit *Rotschmiere,* kleinerer und milderer Bruder des *Limburger.* Er wird von halbfett bis zur Doppelrahmstufe in kleinen, 80 bis 225 g schweren, viereckigen Stücken hergestellt. Die Haut ist mit rötlicher Schmiere bedeckt, die Teigmasse je nach Reifegrad weiß bis hellgelb, bis auf wenige kleine *Bruchlöcher* geschlossen und bei voll durchgereiftem Käse weichschnittig. Allerdings wird der Käse – wie Limburger – nie flüssig und »läuft davon«. Der Geschmack ist leicht pikant, durch hohen Fettgehalt gemildert.
Die deutsche Käse-Verordnung unterscheidet:

Halbfettstufe	mindestens	35%	*Trockenmasse*
	mindestens	20%	*Fett i. Tr.*
Dreiviertelfettstufe	mindestens	38%	Trockenmasse
	mindestens	30%	Fett I. Tr.

Fettstufe	mindestens 42%	Trockenmasse
	mindestens 40%	Fett i. Tr.
Vollfettstufe	mindestens 44%	Trockenmasse
	mindestens 45%	Fett i. Tr.
Rahmstufe	mindestens 46%	Trockenmasse
	mindestens 50%	Fett i. Tr.
Doppelrahmstufe	mindestens 52%	Trockenmasse
	60–85%	Fett i. Tr.

Ronde des fromages. Französisch = Käseplatte.

Rookkaas (Rauchkäse). Geräucherter holländischer *Schmelzkäse,* cellophanverpackt in Wurstform.

Roomkaas (Rahmkäse). Milder holländischer *Schnittkäse* mit einem Mindestfettgehalt von 60% in der *Trockenmasse (Fett i. Tr.).* Er wird in flachen zylindrischen Laiben hergestellt; »groot« besagt, daß diese mindestens 1500 g schwer sind, »klein« signalisiert ein Gewicht von 180 bis 1100 g. Roomkaas wird *»jong«* konsumiert.

Roquefort. Französischer *Edelpilzkäse* aus Schafmilch. Der *Käsemasse* wird der Grün- und Blauschimmelpilz Penicillium Roqueforti beigegeben. Der nach der Ortschaft Roquefort (in deren Felsenhöhlen er reift) benannte Käse wird als der Stammvater aller übrigen Edelpilzkäse angesehen.
Der Roquefort wird oft gehackt und mit Butter oder Nüssen gemischt.

Rothkäse siehe *kaltgereifte Käse.*

Rotschmiere, entsteht durch Oberflächenbehandlung durch Bakterien bei *Weichkäse* und *Sauermilchkäse.* Siehe Weichkäse.

Royalp. Bezeichnung für *Schweizer Tilsiter,* der außerhalb der Schweiz verkauft wird.

Saanenkäse siehe *Bergkäse.*

Safran. Altbekanntes Färbemittel für *Parmesankäse.*

Sage-Derby siehe *Derby.*

Sahnequark (Speisequark mit Sahnezusatz) siehe *Speisequark.*

Saint-Florentin. Milder französischer *Weichkäse* aus dem gleichnamigen Dorf in Burgund. Er bekommt im Stadium der Vollreife eine gelbliche bis orangefarbene Rinde und schmeckt dann am besten.

Saint-Marcellin. Französischer *Frischkäse* aus Kuhmilch, kommt aus der Isère. Die runden Laibchen von etwa 8 cm Durchmesser und 3 cm Höhe werden mit mehr oder weniger Schimmelrinde angeboten. Der Käse hat einen angenehmen, leicht säuerlichen Geschmack. Der Fettgehalt in der *Trockenmasse* ist 50% *(Fett i. Tr.)*, das entspricht 23% absolutem Fettgehalt.

Sainte-Maure. Französischer *Weichkäse* mit *Edelschimmel.* Er wird aus Ziegenmilch hergestellt und kommt in länglicher Zylinderform in den Handel. Seine Heimat ist die Touraine. Der Geschmack wird als »kräftig« bezeichnet. Saint-Maure hat einen Fettgehalt von 45% in der *Trockenmasse, (Fett i. Tr.)*, das entspricht 19,8% absolutem Fettgehalt.

Saint-Nectaire. Französischer halbfester *Schnittkäse* aus der Auvergne. Er wird aus Kuhmilch hergestellt und hat die Form einer dicken Scheibe von etwa 20 cm Durchmesser und 4 cm Dicke. Saint-Nectaire hat eine natürliche gelbgraue bis rötliche Rinde. Er hat einen Fettgehalt von 45% in der *Trockenmasse (Fett i. Tr.)*, das entspricht einem absoluten Fettgehalt von 22,5%. Der Geschmack wird als haselnußartig beschrieben.

Saint-Paulin. Französischer halbfester *Schnittkäse*, der in ganz Frankreich aus pasteurisierter Kuhmilch hergestellt wird. Er kommt in flachen, runden Laiben mit einem Durchmesser von 20 cm und einer Höhe von 4 bis 6 cm oder in der von französischen Käsen her bekannten Tortenform zum Verkauf. Die gewaschene Rinde ist von rötlicher Färbung. Der Saint-Paulin entspricht in seiner Konsistenz und seinem milden Geschmack weitgehend dem deutschen *Butterkäse.* Die kleinere Form wird *Baby-Saint-Paul* genannt. Saint Paulin hat einen Fettgehalt von 45 bis 50% in der *Trockenmasse (Fett i. Tr.).* Das entspricht einem absoluten Fettgehalt von 21,6 bis 25%.
Dänischer Saint-Paulin hat etwa 2 kg Gewicht und immer die runde Form. Er wird in zwei Fettstufen angeboten: Mindestfett-

gehalt in der Trockenmasse 40 und 50% (Fett i. Tr.). Die Bezeichnung ist 40+ und 50+.

Sainte-Maure. Ziegenkäse aus der Touraine (Frankreich). Wird in Zylinderform hergestellt.

Salate. *Ganz gleich, ob grüne oder gemischte, werden feiner durch darüber gegebenen geraffelten Hartkäse, z. B. Emmentaler. (Siehe auch Käsesalate.)*

Salatsaucen mit Käse. *Versuchen Sie, Ihren Blatt- und Gemüsesalaten eine ganz besondere Note zu geben:*

Dill-Rahm-Salatsauce.
1 Karree Frischrahmkäse mit einer Gabel zerdrücken. 2 Eßlöffel Öl, 2 Eßlöffel Joghurt oder Milch und den Saft einer halben Zitrone dazugeben. Mit etwas Salz und viel Dill (frisch gehackt oder getrocknet) verrühren.

Sbrinzsauce.
2 Eßlöffel Essig, 4 Eßlöffel Öl, etwas Senf, Salz und Pfeffer mit 1–2 Eßlöffeln fein geriebenem Sbrinz vermischen.

Schabziger-Sauce.
3 Eßlöffel weißen Weinessig mit 4 Eßlöffeln Öl und 2 Eßlöffeln Sahne kräftig verrühren. Dann mit 1 Eßlöffel Schabziger und ½ Teelöffel Worcestershiresauce würzen.

Salbei-Derby siehe *Derby.*

Samsø (Samsö). Dänischer *Festkäse* von mildem, süßlichem, nußartigem Geschmack. Er wird in runden Laiben von etwa 10 cm Höhe und etwa 44 cm Durchmesser hergestellt. Das Gewicht ist 14 kg. Daneben gibt es auch die quadratische Form mit und ohne Rinde mit einer Kantenlänge von 38 cm.
Samsø hat eine trockene gelbliche Rinde, die das *Kaseinzeichen* trägt und normalerweise mit einem Überzug aus farblosem Paraffin versehen ist. Die Konsistenz der Käsemasse ist einem guten *Schnittkäse* entsprechend, ihre Farbe gelblich bis weiß, mit wenigen erbsen- bis kirschgroßen *Löchern* durchsetzt. Samsø wird in zwei Fettstufen angeboten: Mindestfettgehalt 45 und 30% in der *Trockenmasse (Fett i. Tr.).* Die Kennzeichnung ist 45+ und 30+. Siehe auch *Mini Samsø.*

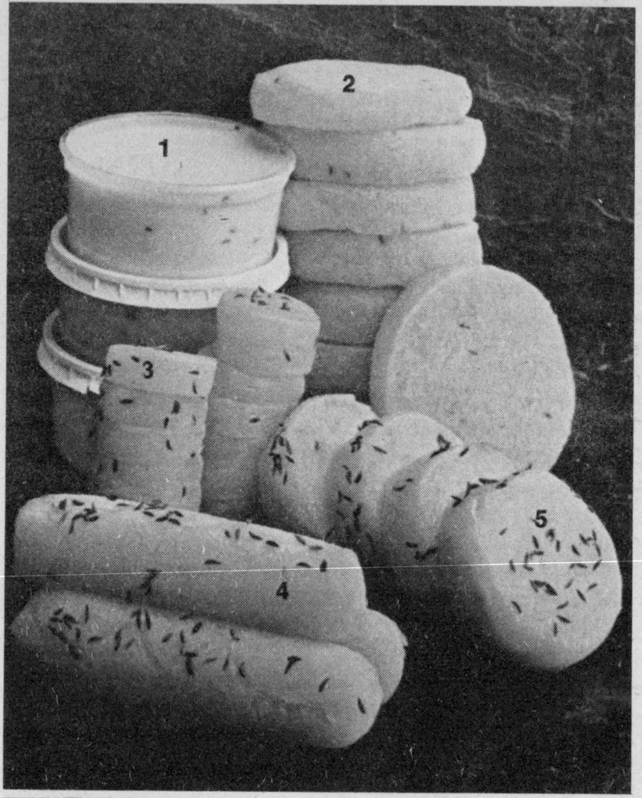

Sauermilchkäse

1. Kochkäse
2. Handkäse
3. Harzer
4. Stangenkäse / Olmützer Quargel
5. Mainzer Käse

Sauce Mornay siehe *Käsesauce.*

Sauer ist eine Bezeichnung für vergorene *Molke.*

Sauermilchkäse ist im Sinne des Wortes ein Käse, der durch *Abscheidung* mit Hilfe von Milchsäurebakterien erzeugt wurde (im Gegensatz zum *Labkäse*).
Die deutsche Käse-Verordnung aber faßt unter diesem Namen eine Gruppe von Käsen zusammen, die sowohl aus Sauermilchquark als auch aus Labquark bestehen können oder aus einer Mischung von beiden, mit einem Viertel getrockneten *Quark* angereichert. Allerdings muß der Quark ausschließlich aus pasteurisierter Magermilch erzeugt sein.
Sauermilchkäse erscheint mit *Rotschmiere,* als *Gelbkäse* und als *Edelschimmelkäse,* je nach Typ. Bei der Herstellung dürfen Gewürze verwendet werden.
Die deutsche Käse-Verordnung kennt die nachstehenden Sorten, die alle ausschließlich in der Magerstufe hergestellt werden: *Bauernhandkäse, Handkäse, Harzer, Korbkäse, Kräuterkäse, Mainzer Käse, Olmützer Quargel, Spitzkäse, Stangenkäse.*
In der Schweiz wird *»Alpkäse«*, ein echter Sauermilchkäse, angeboten.
Sauermilchkäse reifen von außen nach innen. Die kleinen Käselaibchen werden in einem Stadium zum Verkauf gebracht, in dem der Kern noch weiß und oft bröcklig, der Laib also nicht voll durchgereift ist. Der Verzehr kann in diesem Stadium erfolgen, die Intensität des Aromas aber nimmt mit dem fortschreitenden Reifeprozeß zu.

Sauermolke siehe *Molke.*

Sbrinz. *Hartkäse,* der in der Innerschweiz, rund um Luzern und den Vierwaldstätter See, hergestellt wird. Sein Name wird auf die Ortschaft Brienz im Berner Oberland zurückgeführt. Dort soll er schon vor 400 Jahren als – seiner Haltbarkeit wegen – beliebtes Handelsobjekt produziert und bis über die Alpen hinweg verkauft worden sein. Echten Sbrinz aus der Schweiz erkennt man an der aufgedruckten Marke »SWITZERLAND«.
Sbrinz ist *vollfett.* Die runden, flachen Laibe wiegen 20 bis 45 kg, die Rinde ist glatt und braun. Sbrinz muß mindestens 18 Monate lagern. Zwei bis drei Jahre benötigt er bis zur Vollreife. Noch älterer Käse ist eine gesuchte Delikatesse. Der hellgelbe feste Teig

hat nur wenige kleine *Löcher* und ist so mürbe, daß er beinahe auf der Zunge zergeht.
Sbrinz wird nach dem obligatorischen Salzwasserbad in einen Abschwitzraum gebracht, wo er Fett und Wasser ausschwitzt. Er reift bei trockener Luft, deshalb ist er auch im Haushalt recht lange lagerfähig. In seiner Heimat wird er nicht geschnitten, sondern gebrochen und mit dem Käsehobel (oder auch mit einem einfachen Kartoffelschäler oder einer Gurkenreibe) zu hauchdünnen Scheibchen gehobelt. Sein Aroma ist würzig und ausgeglichen. Er läßt sich ganz fein reiben und ist deshalb als Reibekäse geradezu ideal. Für Suppen, Saucen und zum *Überbacken* empfiehlt er sich, da er keine Fäden zieht.

Sbrinzfino. Konzentrierter geriebener *Sbrinz*, der, kühl gelagert, wochenlang aufbewahrt werden kann.

Schabziger. Der bekannteste *Zigerkäse* ist ein Kräuterkäse, der in Süddeutschland und in der Schweiz hergestellt wird und wegen seiner Farbe auch als »grüner Käse« bekannt ist. Er wird frisch verbraucht oder in getrocknetem Zustand als Reibekäse verwendet.
Grundstoff des Schabzigers ist heute *Quark*. Dieser wird aus süßer Milch zubereitet, die – fast bis zum Siedepunkt erhitzt – mit vergorener *Molke* versetzt und so zur Gerinnung *(Abscheidung)* gebracht wird. Der Quark wird in durchlöcherten Kästen gepreßt und dem Gärungsprozeß überlassen. Schließlich wird er mit Salz und fein gemahlenen Kräutern vermischt und in Formen gepreßt.
Schabziger aus der Schweiz wird seiner Herkunft gemäß Glarner Kräuterkäse genannt. Er verdankt sein unverwechselbares Aroma dem Zigerklee, der nur für die Fabrikation von Schabziger angebaut wird. Schabziger kommt in verschiedenen Formen zum Verkauf:

1. Das Schabzigerstöckli, ein abgeflachter Kegel von 45 bis 100 g Gewicht, weich für die Schweizer, hart für den Export.
2. In der Streudose, getrocknet und fein gerieben.
3. Mit Butter gemischt in Bechern, Tuben und Portionspackungen.

Dementsprechend ist Schabziger sowohl auf der Käseplatte zu finden als auch in der Küche zum Würzen beliebt.

Schabziger-Fondue. *Verfahren Sie nach dem Grundrezept*

(Stichwort Fondue). Danach würzen Sie mit zwei Eßlöffeln feingeriebenem Schabziger und lassen das Fondue noch einmal gut aufkochen.

Schafkäse wird vor allen Dingen in südlichen, südöstlichen und östlichen Ländern, besonders auf dem Balkan* hergestellt, wo das Schaf im Gegensatz zu unserer Milchwirtschaft als »Milch- und Käsetier« gehalten wird. Schafkäse haben sich durch ihren Geschmack von oft eigenartiger Köstlichkeit auch in Mitteleuropa viele Freunde erworben.
Der in einer Salzlake zum Verkauf kommende Käse kann – wenn er zu scharf erscheint – gewässert werden. Probieren Sie einen Salat aus Schafkäse:
Griechischer Hirtensalat.
Zutaten für 4 Personen: 250 g Schafkäse, 4 Eier, 1 kg Tomaten, 125 g schwarze Oliven, 1 Zwiebel, 2 Eßlöffel Kapern, 2 Zitronen, 1 Teelöffel Oregano, $^1/_8$ l Olivenöl, Salz, Pfeffer. – Die Eier werden hart gekocht, Eier, Tomaten und Käse in Würfel geschnitten, die klein geschnittene Zwiebel, die Kapern, Salz und Pfeffer dazugegeben. Oregano wird fein zerrieben und darüber gestreut. Mit Öl und Zitronensaft wird das Ganze gut gemischt und dann für mindestens zwei Stunden in den Kühlschrank gestellt, damit es gut durchzieht. Dabei soll der Salat von Zeit zu Zeit umgerührt werden.

Schafkäse, römischer siehe *Pecorino romano.*

Schafkäse, sizilianischer siehe *Pecorino siciliano.*

Scheibletten siehe *Schmelzkäse.*

Schichtkäse, ein dem *Quark* ähnlicher, mit Hilfe von *Lab* hergestellter *Frischkäse,* weiß bis hellgelb. An der Schnittfläche sollen Schichten erkennbar sein, von denen die gelblichen einen höheren Fettgehalt als die weißen haben. Der Geschmack ist im Gegensatz zum Quark »milchsauer«, der Teig *(Bruch)* hat nur wenige kleine Bruchlöcher und ist je nach Fettgehalt mehr oder weniger geschmeidig. Schichtkäse wird in verschiedenen Fettstufen, von viertelfett aufwärts, hergestellt (siehe *Fett i. Tr.*). Er darf nur aus Milch, Sahne oder entrahmter Milch bestehen, die einem anerkannten Pasteurisierungsverfahren unterworfen wurden.

* Gute Fachgeschäfte führen Schafkäse aus Italien, Spanien, Bulgarien, der CSSR usw.

Verschiedene Sorten von Schmelzkäse und Schmelzkäsezubereitungen

Schmelzkäse wird aus Rohkäse unter Zugabe von Schmelzsalzen bei ständigem Rühren geschmolzen, wozu normalerweise eine Hitze von 60 °C ausreicht. In erster Linie gilt als Ausgangsbasis besonders für diesen Zweck hergestellter Rohkäse, daneben werden aber, insbesondere dann, wenn der Schmelzkäse in der Geschmacksrichtung und unter dem Namen einer bestimmten *Schnittkäse-* oder *Hartkäsesorte* verkauft werden soll, alle gängigen Käsesorten zu Schmelzkäse verarbeitet. Ursprünglich galt diese Weiterverarbeitung als das einzige Mittel, Käse mit Schönheitsfehlern marktfähig zu machen.

In Blöcken von ½ bis 2 kg Gewicht hergestellter Schmelzkäse wird in Scheiben geschnitten und in Vakuum-Verpackung zum Verkauf angeboten (Scheibletten). Ist dabei der Charakter des ursprünglichen Käses ohne Mischung beibehalten worden, so darf dieser Schmelzkäse unter dem Sortennamen der benutzten Hart- oder Schnittkäse angeboten werden.

Schmelzkäse wird auch – mit oder ohne Zusätze – in Wurstform und in Form von Käseecken hergestellt. Bei Ecken handelt es sich durchweg um Streichschmelzkäse. Mit Zusätzen erhalten diese Käsesorten die Bezeichnung Schmelzkäsezubereitung. Die Zusätze sind u. a. Schinken, Krabben, Hummer, Pilze, Kümmel, Schnittlauch, Pistazien, Cornichons, Paprika.

Schnittkäse und halbfeste Schnittkäse (in der Schweiz nennt man sie *Halbhartkäse*) sind Käsesorten mit höherem Wassergehalt, die zwar noch schnittfest sind, aber nur kürzere Lagerdauer vertragen; Schnittkäse sollte allwöchentlich neu eingekauft werden, für die Tafel wie zum Überbacken.

Die Sorten: *Bel Paese* (Italien), *Derby* (England), *Dieetkaas* (Holland), *Edamer** (international), *Friese kaas* (Holland), *Geheimratskäse* (Deutschland), *Gouda** (international), *Lancashire, Leicester* (beide England), *Pyrenäenkäse* (Frankreich), *Tilsiter* (international), *Trappistenkäse* (Deutschland).

Halbfeste Schnittkäse: *Baby-Saint-Paulin* (Frankreich), *Blauwe Schimmelkaas* (holländischer *Edelpilzkäse*), *Butterkäse* (Deutschland), *Caerphilly, Cheshire* (beide England, Cheshire blue ist ein Edelpilzkäse), *Danablu* (dänischer Edelpilzkäse), *Deutscher Esrom, Double Gloucester* (England), *Edelpilzkäse* (Deutschland), *Gorgonzola* (italienischer Edelpilzkäse), *Kernhem* (Holland), *Mycella* (dänischer Edelpilzkäse), *Roomkaas*

* siehe auch Stichwort Holländische Käsesorten

Schnittkäse

1. Edamer
2. Gouda
3. Tilsiter
4. Wilstermarschkäse
5. Trappistenkäse
6. Geheimratskäse

(Holland), *Steinbuscher, Steppenkäse* (beide Deutschland), *Stilton* (englischer Edelpilzkäse), *Weißlacker* (Deutschland), *Wilstermarschkäse* (Deutschland).
In Dänemark werden Schnittkäse (bis auf Edelpilzkäse) *Festkäse* und *halbfeste Käse* genannt.
Schnittkäse haben entweder eine feste Kruste oder sind zum Schutz gegen Austrocknen mit einer gelben oder roten Schicht Paraffin überzogen.

Schnurkäse. Aus Italien stammende, mit einer Schnur umwickelte Käse, die oft leicht geräuchert in den Handel kommen, z. B. *Caciocavallo, Provolone.*

Schwarzer Schimmel entsteht, wenn der Käseleib mit saurer *Molke* gewaschen wird.

Schweizer Käse. Besser sollte man sagen »Käse aus der Schweiz«, denn die Marke SWITZERLAND, die man auf den Laiben und den Verpackungen findet, ist keine Sorten-, sondern eine Herkunftsbezeichnung. Der vielerorts unter dem Namen »Schweizer Käse« verkaufte und gekaufte Käse ist meist *Emmentaler*, der aber zum Teil gar nicht aus der Schweiz kommt. (Emmentaler ist eine »internationale« Käsesorte, siehe auch Stichwort Emmentaler.)
Die Schweiz ist das Land des Käses schlechthin. Wenn auch die Menge des produzierten Käses von einer ganzen Reihe anderer Länder überboten wird, so ist dieser Ruf in erster Linie der Qualität des in der Schweiz produzierten Käses zu verdanken, unter denen die *Hartkäse* an erster Stelle stehen. Die Beliebtheit der schweizerischen Käseprodukte wird auf die würzigen Gräser der Alp- und Bergweiden zurückgeführt, die der Milch einen besonderen Geschmack und hohen Fettgehalt geben.
Von den vielen Käsesorten, die in der Schweiz produziert werden, kommen nur einige zur Ausfuhr: Emmentaler, *Greyerzer, Sbrinz, Appenzeller, Tilsiter* (Royalp). Die übrigen können Sie nur im Lande probieren.

Schweizerische Käsesorten werden in drei Hauptgruppen zusammengefaßt:

Hartkäse,
Halbhartkäse, den deutschen *Schnittkäsen* und halbfesten Schnittkäsen entsprechend,
Weichkäse.

Dazu kommen *Frischkäse* und *Sauermilchkäse.*
Die bekanntesten schweizerischen Käsesorten sind
Hartkäse: Emmentaler, Greyerzer, *Hobelkäse,* Sbrinz;
Halbhartkäse: Appenzeller, Bellelay *(Tête de Moine), Freiburger Vacherin,* Glarner Kräuterkäse *(Schabziger),* halbharte *Bergkäse, kaltgereifte Käse, Rässkäse, Schweizer Raclettekäse, Schweizer Tilsiter* (Royalp), *tilsiterähnliche Sorten, Walliser Käse;*
Weichkäse: a) *Weißschimmelkäse Brie suisse, Camembert suisse, Fines-herbes suisse, Rahmcamembert suisse, Swiss Dessert, Tomme vaudoise;* b) *Rotschmierenkäse Limburger* suisse, *Münster* suisse, *Reblochon* suisse, *Romadur* suisse, *Vacherin Mont d'Or;*
Sauermilchkäse: *Alpkäse;*
Frischkäse: *Cottage Cheese, Petit suisse,* verschiedene Quarksorten *(Speisequark).*
Weitere Auskunft über schweizerische Käse gibt die Schweizerische Käseunion AG, Postfach 1762, CH 3001 Bern.

Schweizer Käsepaß siehe *Käsepaß.*

Schweizer Käseauflauf. *Ein einfaches und vor allen Dingen schnelles Gericht aus der schweizerischen Küche.*
Zutaten für 4 Personen: 8 Scheiben Toastbrot, 8 Scheiben (300 g) Emmentaler »SWITZERLAND« oder Greyerzer »SWITZERLAND«, 3 Eier, ¼ l Milch, ¼ l Sahne, Salz, Pfeffer, Muskat.
Die getoasteten Brotscheiben und den Käse in eine mit Margarine ausgestrichene feuerfeste Form geben, dachziegelartig, wobei immer eine Scheibe Käse auf einer Scheibe Brot liegt. Eier, Milch und Sahne verschlagen, mit den Gewürzen abschmecken und über Brot und Käse gießen. Im vorgeheizten Ofen bei 200°C etwa 35 Minuten backen.
Verbessern können Sie dieses schnelle Essen und beinahe zu einem Festmahl machen, wenn Sie auf die Brotscheiben erst Schinken und darauf Käse geben. Statt der 300 g Käse benötigen Sie dann je 150 g (8 Scheiben) gekochten Schinken und Käse.
Als Beilage empfiehlt sich Salat.

Schweizer Käse-Soufflé »Adam«. *Zutaten für 2 Personen: 20 g Butter, 30 g Mehl, 2 dl Milch, 3 Eier, 50 g geriebenen Greyerzer »SWITZERLAND«, 30 g geriebenen Sbrinz »SWITZERLAND«, Salz, Pfeffer, Muskat.*
Die Butter in einer Kasserolle zum Schmelzen bringen, ohne daß sie Farbe annimmt, das Mehl hinzufügen, umrühren und einige Minuten auf kleiner Flamme kochen lassen. Die Mischung soll hell bleiben. Dann langsam unter ständigem Rühren die vorher erhitzte Milch zugießen. Salz, Pfeffer und Muskat zugeben, eine Minute kochen und dann abkühlen lassen. Drei Eigelb und der Käse werden nun mit der Sauce vermischt und die steifgeschlagenen Eiweiß untergezogen. Jetzt füllen Sie die Soufflé-Masse in eine gebutterte Auflaufform und backen im leicht vorgewärmten Ofen 15 Minuten lang bei 150°C, dann 15–20 Minuten bei 200°C. Öffnen Sie die Ofentüre nicht, bevor der feine Duft verrät, daß das Soufflé fertig sein könnte. Mit einer Stricknadel prüfen Sie, ob es soweit ist. Wenn nichts an der Nadel kleben bleibt, können Sie servieren.

Schweizer Käse-Wähe siehe *Wähe.*

Schweizer Raclettekäse ist die Bezeichnung für *Walliser Käse,* der nach walliser Rezept in anderen Teilen der Schweiz hergestellt wird. Dazu wird durchweg pasteurisierte und auf einen bestimmten Fettgehalt eingestellte Milch verwendet, so daß der Schweizer Raclettekäse von unbedingt gleichbleibender Qualität ist.

Schweizer Tilsiter. Das Rezept für diesen *Halbhartkäse* hatte der Käser Wegmüller in Felben bei Frauenfeld während seiner Wanderschaft aus Tilsit mitgebracht. Schweizer Tilsiter wird in der Ostschweiz (Thurgau, St. Gallen) hergestellt, und zwar in 4 bis 5 kg schweren Laiben, die einen Durchmesser von etwa 25 cm haben. Die Rinde, die während der *Reifung* feucht gehalten wird, hat eine an *Rotschmiere* erinnernde rötliche Färbung und einen entsprechenden charakteristischen Geruch. Der Teig ist von kleinen »schön und sauber ausgeprägten« Löchlein durchsetzt, die Feinheit und der Geschmack hängen vom Fettgehalt ab, wobei die fettarmen Sorten weniger feinschmelzend, aber mit intensiverem Aroma ausfallen. Nach 2 bis 3 Monaten Lagerzeit ist der Käse ausgesprochen mild, nach 4 bis 5 Monaten ausgereift.
Pasteurisierter (d. h. aus pasteurisierter Milch gefertigter) Tilsiter ist im Aroma milder.

Außerhalb der Schweiz wird Schweizer Tilsiter als Royalp angeboten.

Selle-sur-Cher. In Salz und Holzkohlenpulver gewendeter Ziegenkäse aus der mittelfranzösischen Landschaft Béarn.

Septemberkaas. Phantasiename (keine offizielle Bezeichnung) für holländischen Käse, der im September hergestellt ist. Zu diesem Zeitpunkt soll das Gras ein besonderes Aroma haben.

Septmoncel siehe *Bleu de Septmoncel.*

Servier-Regeln für Käse:

1. Käse sollte man auf einem Holzbrett, einer Strohunterlage oder in einer anderen rustikalen Form servieren. Auch eine flache Glasplatte ist geeignet.
2. Käse möglichst »am Stück« servieren, zusammen mit Käsemesser oder Käsebeilchen, so daß der Gast ganz nach seinem Belieben abschneiden, Käse auf Brot oder zum Brot essen kann.
3. Käse wird oft mit Früchten oder Gemüse zusammen serviert. Einmal der Optik halber – in interessanter und appetitlicher Farbenzusammenstellung –, andererseits aber auch, weil sich Käse und mancherlei Beigaben gut ergänzen. Milde Käsesorten passen gut zu Obst: Weintrauben, Birnen, Äpfel und Nüsse oder Preißelbeeren. Gurken, Tomaten und Oliven passen immer. Zwiebeln, Radieschen und saure Kleinigkeiten wie Mixed Pickles werden zu pikanteren Käsesorten gereicht. Zum Frischkäse gehören Kräuter und Gewürze oder Beeren.
4. Geben Sie eine möglichst große Auswahl von Brot zum Käse.
5. Trinken kann man zum Käse alles vom Bier bis zum Milchkaffee.

Single Gloucester siehe *Double Gloucester.*

Sirte siehe *Molke.*

Sizilianischer Schafkäse siehe *Pecorino siciliano.*

Smeerkaas. Holländische Bezeichnung für *Streichschmelzkäse.*

Sojakäse, Sojaquark werden aus der Sojabohne gewonnen. Gekochte und pürierte Bohnen werden gepreßt, wobei eine »Milch« abläuft, die beim Aufkochen ein Sediment bildet. Dies wird zu nahrhaftem und leicht verdaulichem Sojaquark verarbeitet, der in der chinesischen Küche eine große Rolle spielt. Das ausgepreßte Püree läßt man – zu Laiben geformt – an einem dunklen, kühlen Ort fermentieren. Sodann werden die Laibe, nachdem man den angesetzten Schimmel entfernt hat, mehrere Wochen in Salzlake gelegt. Die abgeseihte salzige Flüssigkeit wird als »Sojasoße« verbraucht, die zerbröckelten Laiber sind Grundlage für die Herstellung des Sojakäses, auch Bohnenkäse genannt.

Sorbais. Käse aus der französischen Landschaft Thiérache. Er wird aus Kuhmilch hergestellt und hat viereckige Form.

Spanntisch siehe *Pressen.*

Speisequark (Herstellung siehe *Quark*) wird in allen Fettstufen von mager bis Doppelrahmstufe (mit Sahnezusatz) angeboten. Der Teig ist milchigweiß bis hellgelb und um so geschmeidiger, je höher der Fettanteil ist.

Die Zusammensetzung	Magerquark	20% *Fett i. Tr.*	40% Fett i. Tr.
Wasser	79%	76%	72%
Trockensubstanz	21%	24%	28%
davon Fett	–	5%	12%
Eiweiß	17%	13%	12%
Kohlenhydrate	2%	6%	3%
Calzium	71 mg	76 mg	–
Phosphor	189 mg	200 mg	68 mg
Kalorien je 100 g	88	124	179

Quark kann in der täglichen Ernährung universell eingesetzt werden. Anregungen und Hilfen sind die verschiedenen Quark-Zubereitungen mit Füchten*, mit Kräutern und mit Gewürzen; gleichermaßen ist Quark Grundstoff für eine Vielzahl im Hause zubereiteter Brotaufstriche, Dips und Saucen.
Speisequark darf nur aus Milch, Sahne oder entrahmter Milch bestehen, die einem anerkannten Pasteurisierungsverfahren unterworfen worden sind.

* Frischkäse-Zubereitungen mit Früchten dürfen nach der deutschen Käse-Verordnung einen Anteil von 30% (früher 25%) Früchte enthalten.

Spitzkäse siehe *Handkäse.*

Stäbchen-Bauernhandkäse, Stangenkäse. Wegen ihrer Stangenform so genannte Käsesorten; *Sauermilchkäse,* die entweder duch Gelb- und Rotschimmelbakterien zur Reifung gebracht werden, also den Typ des *»Harzer«* darstellen, oder mit dem zur Herstellung des *Camembert* üblichen Weißschimmel reifen.

Stal- of hooikaas. Phantasiename (keine offizielle Bezeichnung) für holländischen Käse, der während der Periode hergestellt ist, in der die Kühe im Stall gehalten und mit Heu gefüttert werden.

Standardsorten siehe *Deutsche Käse.*

Standquark siehe *Quark.*

Stangenkäse siehe *Stäbchen-Bauernhandkäse.*

Steinbuscher. Deutscher halbfester *Schnittkäse (Labkäse, Backsteinkäse)* in Formen von 200 bis 1000 g. Seinen Namen erhielt er vom Gut Steinbusch bei Arnswalde, wo er in der Mitte des 19. Jahrhunderts als eine Abwandlung des *Limburger* »erfunden« wurde. Die Oberfläche ist gelbbraun mit etwas Schmiere (Rotschmiere), der Teig eine geschmeidige, intensiv gelbe Masse mit wenigen kleinen Löchern. Der Geschmack ist mild bis leicht pikant.

Steinbuscher kommt in drei Fettstufen zum Verkauf:

Dreiviertelfettstufe	mindestens 44% *Trockenmasse*
	mindestens 30% *Fett i. Tr.*
Vollfettstufe	mindestens 50% Trockenmasse
	mindestens 45% Fett i. Tr.
Rahmstufe	mindestens 53% Trockenmasse
	mindestens 50% Fett i. Tr.

Steppenkäse. Deutscher halbfester *Schnittkäse.* Käse dieser Art sollen ursprünglich aus der Milch von Steppenrindern gemacht worden sein. Er hat einen mild-pikanten Geschmack, glatte, rötlichgelbe Rinde und hellgelben, geschmeidigen Teig, der gleichmäßig mit kleineren *Löchern* durchsetzt ist.

Stilton wird als der König der (englischen) Käse bezeichnet. Er ist ein *Edelpilzkäse,* krümelig wie der *Roquefort,* aber nicht in jedem

Falle so geschmacksintensiv wie dieser. Es wird weißer und blauer Stilton unterschieden.
Der weiße Stilton hat eine *Reifungs*dauer von nur 3 Wochen; das bedeutet, daß die später so stark hervortretenden blauen Streifen und Adern sich erst kaum sichtbar andeuten, wenn der Käse zum Verkauf kommt, und er deshalb sein frisches, mildes Aroma bewahrt.
Der 3 bis 6 Monate lang gereifte blaue Stilton dagegen hat würzigen bis scharfen Geschmack und intensive farbige Zeichnung.
Beide Sorten werden in hohen zylindrischen Formen hergestellt mit einem Gewicht von 14 engl. Pfund* (in 5 engl. Pfund nur der blaue Stilton). Stilton wird als Dessertkäse bevorzugt.

STILTON
CHEESE
certification trade mark

Strachino. Italienischer *Frischkäse.*

Streichschmelzkäse. Streichfähiger *Schmelzkäse.* Die Streichfähigkeit wird durch geheim gehaltene Zusätze (Zitrate oder Phosphate) und/oder durch einen hohen Fettgehalt erreicht. Streichschmelzkäse werden durchweg luftdicht in Alufolie verpackt in den Handel gebracht, in Form von Halbkreisen oder Kreisausschnitten, hin und wieder auch in Tuben. Streichschmelzkäse gibt es mit den verschiedensten Beimischungen, z. B. Schnittlauch, Schinken, Salami, Hummer, Krabben, Gürkchen, Paprika, Kümmel, als Schmelzkäsezubereitung.

Süßmolke siehe *Molke.*

* 1 engl. Pfund = 453 g

Suisse = Schweiz.

Sulz siehe *Appenzeller.*

Swiss Cold-Dog *(Schweizer Käse-Sandwich).*
Sandwichbrot (ein längliches Brötchen) längs einschneiden. Die noch zusammenhängenden Hälften reichlich mit Senfbutter (einer Mischung aus schaumig gerührter Butter und Senf) bestreichen. Ein gut fingerdickes Stück Emmentaler »SWITZERLAND« und reichlich Kresse darauflegen und die Hälften zusammenklappen.

Swiss Dessert. Schweizer *Doppelrahmkäse* in der Art des *Camembert,* besonders mild, rahmig und weich.

SWITZERLAND. Qualitätszeichen für Käse aus der Schweiz, rot auf dem Käselaib oder auf der Packung aufgedruckt.

Taleggio. Italienischer *Weichkäse* aus Kuhmilch. Er wird in viereckigen Formen angeboten, die 1,7 bis 2,2 kg schwer sind. Die Rinde ist dünn und weich und rosa gefärbt. Die Käsemasse soll geschlossen und von hell-strohgelber Färbung sein, der Geschmack leicht aromatisch. Taleggio hat einen Mindestfettgehalt von 48% in der *Trockenmasse (Fett i. Tr.).*

Tessiner Fondue. *Bereiten Sie ein Tomatenfondue. Diesem wird eine Tasse Peperonata (ein Gemüse aus gedämpften Paprikaschoten, mit Zwiebeln und Tomaten, das Sie in Dosen kaufen können) zugegeben.*

Tessiner Kuchen. *Für diesen auf einem runden »Wähenblech« zu backenden Käsekuchen verwenden Sie am besten fertigen Blätterteig aus der Tiefkühltruhe, 300 g für ein Blech mit 28 bis 30 cm Durchmesser. Für die Auflage benötigen Sie 150 g Käsewürfel, 1 kleine Dose Champignons, 100 g gehackten Schinken, 2 Eier, 2 dl Milch, Pfeffer, Muskat und Rosmarin. Dabei können Sie Käsereste aller Art, also auch Weichkäse, verbrauchen.*
Der Blätterteig wird ausgerollt und auf das Blech gedrückt. Pilze und Schinken werden darauf verteilt. Nun verquirlen Sie Eier und Milch miteinander, würzen die Mischung und gießen sie über die Auflage. Der Tessiner Kuchen soll bei guter Hitze 25 bis 30 Minuten gebacken werden.

Tête de Moine (auch Bellelay-Käse). Schweizer *Halbhartkäse* aus dem Berner Jura. Er soll von den Mönchen des Klosters Bellelay erfunden worden sein. Später produzierten ihn die vom Kloster abhängigen Bauern und lieferten ihn als Pachtzins.
Tête de Moine wird aus der besonders gehaltvollen Milch der Sommerweide hergestellt und ist deshalb – bei drei- bis fünfmonatiger Lagerzeit – meist nur in den Monaten September bis März zu bekommen. Seine Form ist zylindrisch, der Durchmesser entspricht in etwa der Höhe des Laibes, der ein Gewicht von 1 bis 2 kg hat und zum Verkauf in Folie verpackt wird. Die Rinde ist braun und körnig, der Teig weichschnittig, das Aroma kräftig-zart.
Als Tafelkäse erfreut er sich allgemeiner Beliebtheit. Zum Verbrauch wird die Flachseite des Laibes wie ein Deckel dünn abgeschnitten und darüber hinaus die Rinde rundum 2 bis 3 cm hoch entfernt, so daß eine »Tonsur«, die dem Käse den Namen gegeben haben mag, erscheint. Nun schneidet der Kenner den Käse nicht, sondern schabt ihn mit hochkant geführtem Messer und setzt danach den Deckel wieder auf. Soll der Käse zum Verkauf zerschnitten werden, dann darf das nur parallel zur Flachseite erfolgen.

Tilsiter. Einer der international produzierten *Schnittkäse*. Er wird auf die Molkereibesitzerin Frau Westphal aus Tilsit zurückgeführt. Seit etwa 1840 war er als besondere Käsesorte in Ostpreußen bekannt. Tilsiter wird in runden Laiben oder in Brotform hergestellt, das Gewicht liegt zwischen 1,5 und 20 kg. Der Teig ist hellgelb, mit kleinen runden und schlitzförmigen *Löchern* durchsetzt und geschmeidig. Der Geschmack wird als etwas herb bis pikant und leicht säuerlich bezeichnet. Tilsiter kommt mit und ohne Rinde zum Verkauf. Eventuell vorhandene Rinde ist mittelgelb. Die Laibe werden nach mindestens fünfwöchiger *Reifung* gewaschen, Schmiere ist gut angetrocknet.
In der Bundesrepublik Deutschland wird Tilsiter vorwiegend in Bayern und Schleswig-Holstein hergestellt, teilweise mit einem Zusatz von Kümmel. Die Herkunftsgebiete verbinden oft ihren Namen mit dem Sortennamen, z. B. Allgäuer Tilsiter, Holsteiner Tilsiter oder Schweizer Tilsiter*. Die deutsche Käse-Verordnung läßt die folgenden Fettstufen beim Tilsiter zu:

Dreiviertelfettstufe	mindestens	49% *Trockenmasse*
	mindestens	30% *Fett i. Tr.*,

* Schweizer Tilsiter wird außerhalb der Schweiz unter dem Namen Royalp angeboten.

Fettstufe	mindestens	53% Trockenmasse
	mindestens	40% Fett i. Tr.
Vollfettstufe	mindestens	55% Trockenmasse
	mindestens	45% Fett i. Tr.
Rahmstufe	mindestens	57% Trockenmasse
	mindestens	50% Fett i. Tr.
Doppelrahmstufe	mindestens	61% Trockenmasse
		60–85% Fett i. Tr.

tilsiterähnliche Käsesorten werden *Halbhartkäse* genannt, die – nach der Art des *Tilsiter* – in kleineren runden Laiben, in Stangen- und Kugelform und zum Teil mit einer aus Paraffin bestehenden Schutzschicht hergestellt werden. Gemeinsam ist ihnen das milde Aroma, das diese Käse auch bei Kindern beliebt macht.

Tilsiter Käse-Fondue. *Wiederum kein »richtiges« Fondue, weil statt des gewohnten Weins der Käse in Fleischbrühe gelöst wird.*
500 g Tilsiter wird grob geraffelt und in 3/8 l heißer Fleischbrühe, die vorher mit einem Gläschen Slibowitz »gewürzt« wurde, geschmolzen. Dabei wird ständig gerührt. Ein zweites Gläschen Slibowitz mischen Sie mit einem gestrichenen Eßlöffel Mehl oder Maizena und geben dies zum geschmolzenen Käse. Schließlich wird mit weißem Pfeffer abgeschmeckt und das Ganze mit dunklem Bauernbrot aufgetragen. Versuchen Sie dieses Fondue auch mit Hackfleischkügelchen (s. a. Beefburger-Fondue).

Toast siehe *Käsetoast, überbacken.*

Tomatenfondue. *Hier wird statt des Weines Tomatensaft verwendet, den Sie in der Dose kaufen oder selbst wie folgt herstellen:*
8 bis 10 Tomaten waschen und in kleine Stücke geschnitten mit 1 bis 2 Knoblauchzehen weichdämpfen. Durch ein Sieb streichen und die Masse mit Wasser so auffüllen, daß es 3½ dl ergibt.
Haben Sie den Tomatensaft selbst gemacht, so brauchen Sie natürlich nicht mehr wie im Grundrezept (Stichwort Fondue) angegeben, den Caquelon mit einer Knoblauchzehe auszureiben. Tomatensaft und 600 g Käse (halb Emmentaler, halb Greyerzer) werden mit 4 gestrichenen Kaffeelöffeln Mehl oder Maizena aufgekocht, mit Pfeffer und Oregano gewürzt und mit einem Eßlöffel Sahne verfeinert.

Tomatenwähe. *Bereiten Sie nach dem Grundrezept (Stichwort Wähe) Teig und Guß für eine gefüllte Käsewähe. Für die Füllung nehmen Sie acht nicht zu große, fleischige Tomaten, die in Scheiben oder Schnitzen auf dem Teigboden verteilt werden.*

Tomme wird eine Gruppe von schweizerischen Käsesorten genannt, die aus den Kantonen Waadtland und Jura stammen. Der wichtigste ist der Tomme vaudoise, ein *camembert*artiger *Weichkäse* mit dünnem *Weißschimmel,* der in nur 100 g wiegenden Laibchen – flach und rund – in den Handel kommt, und zwar *viertelfett* bis *vollfett.* Ein Tomme wird schon 7 bis 10 Tage nach der Ausformung verkaufsreif. Sein Aroma ist auch im Stadium der Vollreife mild.

Tomme au marc. Tomme aux raisins siehe *Tomme de Savoie.*

Tomme d'Arles. Schafkäse aus der Provence (Frankreich), der mit Thymian und Lorbeerblatt garniert wird.

Tomme de Savoie. Ein französischer *Weichkäse* aus Kuhmilch, der ein Kleidchen aus Weintraubenkernen, die natürlich nicht mitgegessen werden, trägt. Für den Export werden sie mit einer lackähnlichen Flüssigkeit auf der Haut des Käselaibs befestigt. Tomme de Savoie soll nicht wie ein *Camembert* oder *Brie* durchreifen, sondern wird in einem Stadium verzehrt, in dem er noch die Konsistenz trockenen *Quarks* hat.

Tomme vaudoise siehe *Tomme.*

Topfen. Süddeutsche/österreichische Bezeichnung für *Quark.*

Träne siehe *Emmentaler.*

Trappistenkäse. In der französischen Abtei La Trappe wurde im Jahre 1664 der Orden der Trappisten gegründet, der seinen Mitgliedern stetes Stillschweigen und vegetarische Nahrung gebot und sie zu harter Feldarbeit anhielt. Die Trappistenklöster waren und sind landwirtschaftliche Musterbetriebe. Der nach ihnen genannte Trappistenkäse ist ein *Schnittkäse* in Laib- oder Stangenform von angenehm mildem Geschmack. Der Teig hat buttergelbe Färbung und ist von vielen kleinen *Löchern* durchsetzt. Trappistenkäse hat eine dunkelgelbe glatte Rinde.

Trockensubstanz, Trockenmasse. Etwa 12,5% der *Käsereimilch*, in dem fertigen Käse etwa

60–70 % beim *Hartkäse,*

50–60 % beim *Schnittkäse,* je nach Fettstufe,

45–55 % beim halbfesten Schnittkäse, je nach Fettstufe,

35–50 % beim *Weichkäse,* je nach Fettstufe, wobei mit dem Fettanteil auch der Anteil der Trockenmasse steigt.

Die Trockenmasse besteht aus *Milchfett, Eiweiß, Kohlenhydraten, Milchsalzen (Mineralsalzen), Vitaminen, Spurenelementen, Enzymen,* etwa wie folgt

	Hartkäse (Emmentaler)	Weichkäse (Camembert)	Magerquark
Fettstufe	vollfett	vollfett	mager
Wasser	36 %	55 %	77 %
Fett	31 %	22 %	0,5%
Eiweiß	29 %	20 %	19 %
Kohlenhydrate	–	–	2 %
Asche	4 %	3 %	1,5%
davon			
Kalzium	1,5 %	0,2 %	0,1%
Phosphor	0,65%	0,15%	0,2%

Trôo. Ziegenkäse aus der Touraine (Frankreich). Er wird in Pflanzenasche gewälzt.

Tropen-Fynbo. Dänischer *Festkäse,* dem *Fynbo* entsprechend, doch ist der Geschmack wegen des höheren Salzgehaltes etwas scharf. Die Laibe sind kleiner und wiegen etwa 4 kg, die Masse ist fester und insbesondere die Rinde wird sehr dick gehalten, damit der Käse hohen Temperaturen widerstehen kann.
Tropen-Fynbo hat einen Überzug aus gelbem oder rotem Paraffin und ist darüber hinaus durchweg in rotem Cellophan verpackt. Auf der Rinde trägt er die Bezeichnung TROPE oder T.

Tybo. Dänischer *Festkäse* mit mild-aromatischem Geschmack. Er wird in rechteckigen brotförmigen Laiben hergestellt, die ein Gewicht von 2 bis 3 kg haben und etwa 19 × 12 × 12 cm groß sind. Tybo hat eine trockene, gelbliche Rinde und wird oft mit einer Schutzschicht aus gelbem oder rotem Paraffin (wobei letzteres beinahe die Regel ist) versehen. Die Käsemasse ist schnittfest und von gelber bis weißer Färbung. Sie hat eine beschränkte Anzahl regelmäßiger erbsengroßer *Löcher*. Tybo wird in zwei Fettstufen angeboten: Mindestfettgehalt 45 und 40 % in der *Trockenmasse (Fett i. Tr.)*. Die Kennzeichnung ist 45 + und 40 +. Tybo ist auch mit einem Zusatz von Kümmel erhältlich.

Überbacken *kann man beinahe alles und damit den verschiedenen Gerichten zugleich mit einer knusprigen Kruste exquisiten Käsegeschmack verleihen. Das Einfachste ist es natürlich, geriebenen oder in Scheiben geschnittenen Käse auf das Gericht zu geben. Doch probieren Sie es auch einmal mit einer Käsesauce (siehe unter diesem Stichwort), die insbesondere für überbackene Kartoffeln und Gemüse unvergleichlich ist.*

Vacherin, Freiburger siehe *Freiburger Vacherin*.

Vacherin Mont d'Or. Schweizer *Weichkäse* mit *Rotschmiere*. Eine Winter-Spezialität aus der französisch-sprechenden Schweiz.
Der Vacherin Mont d'Or wird in runden Laiben von ½ bis 3 kg Gewicht hergestellt. Er ist vollfett *(Fett i. Tr.)* mit unregelmäßigen kleinen *Löchern* im Teig. Die Laibe werden bald nach dem Ausformen einem »Affineur« zur Pflege übergeben. Die *Reifung*szeit beträgt 4 Wochen. Im Stadium der Reife wirft die Rindenoberfläche Falten, der Teig wird fließend. Um den Laib in seiner Form zu halten, kommt der Käse in Tannenrinde eingebunden oder – das ist heute beinahe der Normalfall – in einer Spanschachtel zum Verkauf, in der er auch aufgetragen wird. Die Schnittflächen des Laibes werden mit Glasplättchen abgedeckt, um ein Ausfließen zu verhindern, die abgeschnittenen Stücke müssen vor dem Verzehr sorgfältig von der Rinde befreit werden. – Portionsstücke sollen in der Originalverpackung im Kühlschrank aufgehoben werden. Ob aber im Laib oder in der Portionspackung gekauft, der Vacherin Mont d'Or soll schnell gegessen und möglichst nur für eine Mahlzeit eingekauft werden.

Valençay (Pyramide). Französischer *Weichkäse* aus dem Berry. Er wird aus Ziegenmilch hergestellt und in Form einer abgestumpften Pyramide in den Handel gebracht. Valençay hat eine weiße Rinde mit *Edelschimmel* oder wurde in Holzasche gewälzt. Der Geschmack ist ausgesprochen mild. Er hat 45% Fett in der *Trockenmasse (Fett i. Tr.)*, das entspricht einem absoluten Fettgehalt von 19,8%.

Venaco. Korsischer Ziegenkäse von ausgesprochen starkem Aroma.

Verpackung siehe *Kauf.*

Vierkante kaas. Holländischer viereckiger Käse für Großverbraucher wie Gaststättenbetriebe und Kantinen sowie für den Verkauf vorverpackter Ware. Wird in Blöcken von 10 und 12 kg mit und ohne Rinde als Gouda (48 % *Fett i. Tr.*) und Edamer (40 % Fett i. Tr.) hergestellt.

viertelfett siehe *Fett i. Tr.*

Vieux Lille. Viereckiger Käse aus der französischen Landschaft Thiérache. Er wird aus Kuhmilch hergestellt.

Vitamine. Käse enthält fett- und wasserlösliche Vitamine:
Je höher der Fettgehalt des Käses, desto höher ist auch der Anteil der beiden fettlöslichen Vitamine A und D. 100 g vollfetter Käse enthalten fast die Hälfte des Tagesbedarfs an Vitamin A und etwa ein Drittel des Tagesbedarfs an Vitamin D, die als natürliche Bestandteile nur in Milchfett und in Lebertran vorkommen.
Die Vitamine der B-Gruppe sind wasserlöslich und verbleiben mit der Rest*molke* im Käse, ihr Anteil steigt sprungartig mit der Bildung von *Edelschimmel.*
Das Vitamin C wird bei der Käseherstellung abgebaut, muß also durch Früchte zugeführt werden.

vollfett siehe *Fett i. Tr.*

Vollrahmfrischkäse siehe *Rahmfrischkäse.*

Vorkäsen. Nach der *Abscheidung* der *Käsemasse* wird diese mit der Hand, dem *»Käsesäbel«* oder mit Hilfe der *»Käseharfe«* zu einer bestimmten Korngröße zerkleinert, die je nach Sorte verschieden ist. Dann wird die überschüssige *Molke* durch Pressen oder Ablaufenlassen entfernt.

Waadtländer Fondue. *Dazu schneiden Sie zuerst eine Knoblauchzehe fein und rösten sie in etwas Butter an. Dann werden 3 dl Weißwein zugegeben (Waadtländer, wenn erhältlich), es folgen 1 Teelöffel Zitronensaft und 600 g Greyerzer »SWITZERLAND«*.*

* Mengenangaben für 4 Personen.

Der geriebene Käse soll möglichst von zwei oder drei Laiben verschiedener Reifegrade stammen (das gilt für alle Fondues mit nur einer Käsesorte). 4 gestrichene Kaffeelöffel Kartoffelmehl werden in einem Gläschen Kirsch angerührt und dem kochenden Fondue beigegeben – mit Muskat und Pfeffer würzen. Zum Waadtländer Fondue paßt am besten Stangenweißbrot. Siehe auch Stichwort Fondue.

Wähe. *Was für den Italiener die Pizza ist, bedeutet in der Schweiz die Wähe. Auf einem – meist runden – Blech wird ein mit Gemüse, Früchten oder Käse belegter Kuchen gebacken. Die richtigen Wähen-Bleche sind größer als gewöhnliche Tortenformen, daneben werden auch viereckige Bleche verwendet und kleine runde Portionsbleche. Neuerdings sind sie oft mit Teflon-Belag versehen, so daß der Kuchen nicht anbacken kann.*
Vor der Einführung der Waschmaschine soll die Wähe das typische einfache Waschtagsessen gewesen sein. Je nach dem Belag – süß oder herzhaft – wird zur Wähe ein leichter oder schwerer Wein, Bier, Tee oder gar Milchkaffee getrunken, im Winter wird zur Abrundung der Mahlzeit vorher eine warme Suppe gereicht. Natürlich gibt es in der Schweiz eine Vielzahl von Rezepten und Abwandlungen, geordnet nach Kantonen und Städten, und auch eine ganze Reihe verschiedener Bezeichnungen. Kästönnele nennen die Appenzeller ihre Wähe, unter Bölletünne versteht man in Schaffhausen eine Zwiebelwähe.
Versuchen Sie Ihr Glück zunächst einmal mit der meist auf einem rechteckigen Blech gebackenen

Käsewähe nach Hausfrauenart.
Der Teig: Hier wird der schnelle »Fünf-Minuten-Teig« empfohlen. Zutaten 375 g Mehl, 1½ dl Öl oder 150 g Butter, 1½ dl kaltes Wasser, gut ½ Eßlöffel Salz. Das Mehl wird in eine Schüssel gesiebt, das Öl oder die flüssige Butter, die aber nicht heiß sein darf, dazugegeben und zusammen mit dem Wasser und Salz verrührt. Arbeiten Sie den Teig mit einer Holzkelle gut durch, bis er gleichmäßig glatt ist, kneten Sie ihn aber nicht. Dann lassen Sie ihn 20 Minuten zugedeckt an einem kühlen Ort ruhen. Einfacher ist es allerdings, 750 g fertigen Teig zu kaufen.
Die Füllung: Je 250 g Emmentaler und Greyerzer (natürlich aus der Schweiz), 3 Eßlöffel Mehl, 6 dl Milch, 4 Eier, 1 Becher Joghurt, 1 gehackte Zwiebel, Salz, Muskat.
Der Käse wird gerieben und mit dem Mehl und der gehackten

Zwiebel vermischt. Eier, Milch, Joghurt und die Gewürze werden verrührt und die Masse unter die Käse-Mehl-Mischung gezogen. Nun buttern Sie ein rechteckiges Blech von 42×30 cm. Geben Sie den etwa 3 mm dick ausgerollten Teig darauf und drücken Sie ihn mit einer Gabel fest. Nun wird die Füllung darauf verteilt. Versuchen Sie einmal, aus Teigresten mit dem Fingerhut kleine münzenförmige Plättchen auszustechen und diese zum Schmuck mit Eiweiß am Wähenrand festzukleben. Die Wähe soll im gut vorgeheizten Ofen bei guter Unterhitze und schwächerer Oberhitze 30 bis 40 Minuten backen.

Käsewähen mit verschiedenen Füllungen, wobei der Phantasie kaum eine Grenze gesetzt ist, werden durchweg auf runden Blechen gebacken. Für eine Party können Sie ganz nach Wunsch die verschiedensten Geschmacksrichtungen zusammenstellen, wobei Sie von folgendem Grundrezept ausgehen können.

Gefüllte Käsewähen.

Teig: Hier wird der sogenannte Blitzbutterteig empfohlen. Zutaten 250 g Mehl, 1 Ei, ½ Eßlöffel Salz, 3 Eßlöffel Sahne, 150 g Butter. Sieben Sie das Mehl in eine Schüssel und machen Sie darein eine Mulde, in die Sie das mit Salz und Sahne verrührte Ei geben. Gießen Sie die flüssige Butter, die aber höchstens lauwarm sein darf, dazu und arbeiten Sie das Ganze mit einer Holzkelle schnell zu einem glatten Teig durch. Diesen lassen Sie an einem kühlen Ort gut zugedeckt eine Stunde lang ruhen.

Der Guß besteht aus je 100 g geriebenem Emmentaler und Greyerzer, 50 g Mehl, 2 dl Milch, 2 dl Sahne, 2–3 Eier, Salz, Pfeffer, Muskat und Paprika, die miteinander verrührt werden.

Legen Sie den etwa 3 mm dick ausgerollten Teig auf ein gut gefettetes Wähenblech von 30 bis 32 cm Durchmesser. Geben Sie die Füllung darauf und den Guß darüber. Die Wähe wird im gut vorgeheizten Ofen 30 bis 40 Minuten bei Mittelhitze (180–200° C) gebacken. Stellen Sie die Wähe soweit wie möglich unten in den Ofen, bei unabhängig voneinander regulierbarer Ober- und Unterhitze soll die Unterhitze möglichst groß sein, die Oberhitze auf die Hälfte reduziert.

Käsewähen werden besonders schön, wenn sie ohne Füllung nur mit dem Guß etwa 15 Minuten vorgebacken werden. Erst dann wird die Füllung darauf gegeben und noch weitere 15 bis 20 Minuten fertig gebacken.

Je nach den Füllungen finden Sie nähere Angaben über die ver-

schiedenen gefüllten Käsewähen unter den Stichwörtern
Käsewähe à la mode du chef (Käsefüllung)
Quiche Marseillaise (Gemüsefüllung)
Tomatenwähe
Kräuterwähe
Käse-Zwiebelkuchen
Käsewähe marinara (mit Crevetten)
Pilzkuchen
Käsewähe nach Metzgerart (mit Zervelatwurst)
Lauch-Käsewähe
und weitere Wähen unter
Obwaldner Käsekuchen
Appenzeller Käsfladen
Tessiner Kuchen (mit Schinken und Champignons).

Darüber hinaus sollten Sie selbst pikante Füllungen ersinnen und ausprobieren, vielleicht einmal mit gewürztem Tartarfleisch oder mildsüßen Birnen. Nach den Grundrezepten werden auch die bei Parties so beliebten kleinen Käseküchlein gebacken, in speziellen kleinen Förmchen mit 7 bis 9 cm Durchmesser. Reichen Sie dazu Salate und pikante Happen wie Cornichons und Mixed Pickles.

Walliser Käse (Walliser Raclette-Käse). Schweizer *Halbhartkäse* aus dem Wallis. Er trägt auf der Schmalseite der Laibe (sie haben ein Gewicht von 6 bis 7 kg, sind rund mit etwa 35 cm Durchmesser) reliefartig den Namen der Herstellungsgegend (z. B. Bagnes, Gomser, Orsières).
Der Teig ist hellgelb und weichschnittig. Und obwohl der Walliser Käse schon nach 4 bis 6 Monaten zum Verkauf kommt, schwören Kenner auf vollreifen, sechs bis sieben Monate lang gelagerten Käse, der dann das unvergleichlich würzige Aroma hat, das ihn für das *Raclette* unentbehrlich macht. – Walliser Käse ist vollfett *(Fett i. Tr.)*, er hat wenige kleine und unregelmäßige *Löcher*.

Weibel. Quirl zum Rühren der *Käsemasse*, siehe *Brennen*.

Weichkäse. Käsesorten mit einem Mindestgehalt an *Trockenmasse* von 35% bis 52%. Darüber hinaus werden zwei Arten unterschieden:
1. Weichkäse mit Weißschimmel (Edelschimmel). Die bekannteste Sorte ist *Camembert*. Die Käsebereitung erfolgt auf französische Art mit Hilfe einer Penicillium Camemberti oder Penicillium

Weichkäse
1. Edelpilzkäse
2. Weißlacker
3. Butterkäse
4. Steinbuscher

Weichkäse

1. Brie
2. Münsterkäse
3. Weinkäse
4. Limburger
5. Romadur
6. Camembert

Candidum genannten Pilzkultur, auf die das Aroma des Käses zurückzuführen ist. Sie wird mit dem Laib in die Frischmilch gegeben. Während der *Reifung* bilden sich auf dem Laibchen Schimmelkulturen. Dieser Edelschimmel verzehrt die Milchsäure und garantiert damit einen milden Geschmack des Käses. Der Weißschimmel wird mitgegessen; die Herstellung des Käses aus pasteurisierter Milch, die heute durchweg gegeben ist, läßt auch überreife Käse nicht bitter werden.

Sorten*: *Brie* (international), *Brie de Meaux* (Frankreich), *Camembert* (international), *Carrée de l'Est, Coulommiers* (beide Frankreich), *Fines herbes Suisse* (Schweiz), *Mascarpone, Montechi* (beide Italien), *Rahmcamembert Suisse* (Schweiz), *Robiola* (Italien), *Sainte-Maure* (Frankreich), *Swiss Dessert, Tomme vaudoise* (beide Schweiz), *Valençay* (Frankreich), *Wensleydale* (England), *White Mould* (Dänemark).

2. Weichkäse mit Rotschmiere (Rotschimmel): Diese Käse werden meist aus Magermilch hergestellt und haben oft Stangen- und Backsteinform. Die Außenseite wird mit Kulturen des Bakterium linens eingerieben. Während der *Reifung* wird die Rinde feucht gehalten (die auf der Schmalseite stehenden Laibchen werden alle ein bis zwei Tage mit Wasser oder Salzwasser »geschmiert« und dann die Standseite gewechselt), wodurch sich auf der Rinde eine rote, feuchte und etwas klebrige Schicht bildet.

Sorten: *Chèvre* (Frankreich), *Limburger* (international – Limburgse kaas = Holland), *Livarot* (Frankreich), *Münsterkäse* (international), *Pont l'Evêque* (Frankreich), *Reblochon* (Frankreich und Schweiz), *Romadur* (international), *Taleggio* (Italien), *Vacherin Mont d'Or* (Schweiz).

Weichkäse hat die Eigenschaft, von außen nach innen zu reifen und hat beim Kauf durchweg noch einen Kern bröckeliger, fast weißer Käsemasse. Der Reifegrad kann durch Druck mit der Fingerkuppe auf die Mitte des Käselaibchens festgestellt werden. Da Weichkäse am besten schmeckt, wenn er gut durchgereift ist, ohne »davonzulaufen«, sollte die Hausfrau sich hüten, den *Reifungs*prozeß zu unterbrechen, sondern die Laibchen in der kühlen Speisekammer oder im Keller nachreifen lassen. Erst dann kann der Weichkäse in den Kühlschrank gepackt werden, und dann gehört er in jedem Falle dahin, da er sonst überreif wird. Voll

* Die gesetzlich geregelte Bezeichnung »Weichkäse« gibt es nur in Deutschland und der Schweiz, soweit Käse anderer Herkunft hier aufgenommen ist, würde er nach der Klassifizierung der deutschen Käseverordnung als Weichkäse zu bezeichnen sein.

1 Emmentaler
2 Bergkäse
3 Tilsiter
4 Gouda
5 Edamer
6 Geheimratskäse
7 Trappistenkäse
8 Wilstermarschkäse
9 Steinbuscher
10 Edelpilzkäse
11 Butterkäse
12 Weißlacker
13 Camembert
14 Brie
15 Romadur
16 Limburger
17 Münsterkäse
18 Mainauer Käse
19 Wein-Käse
20 Doppelrahm-frischkäse
21 Kochkäse
22 Olmützer Quargel
23 Sauermilchkäse

ausgereifter Weichkäse kann im Kühlschrank noch etwa 4 bis 6 Tage aufgehoben werden. Doch achten Sie darauf, daß er etwa eine Stunde vor dem Servieren aus dem Kühlschrank genommen wird, damit er sich der Zimmertemperatur anpassen kann.
Weichkäse soll so lange wie irgend möglich in der Original-Verpackung aufgehoben werden. Rotschmierenkäse ist vor dem Servieren mit dem Messerrücken sauber zu schaben, wenn man es nicht vorzieht, ihn direkt in der Originalverpackung aufzutragen. Wird der einmal ausgepackte Käse wieder in die Verpackung zurückgelegt, so ist auch diese vorher von Resten der Rotschmiere zu säubern.

Wein siehe Getränke.

Weinkäse. Deutscher *Weichkäse*, in kleinen Laibchen von nur 5 cm Durchmesser. Von mild-rahmigem Geschmack. Die *rotschmierige* Oberfläche ist etwas klebrig, das Innere zunächst weiß-gelblich und mit fortschreitender Reife leuchtend gelb, weich und geschmeidig.

Weißlacker. Deutscher halbfester *Schnittkäse (Backsteinkäse)*, der seinen Ursprung im Allgäu hat. Die Herstellung erfolgt in Würfeln von 1 bis 2 kg Gewicht, die zum Verkauf in kleinere Würfel geteilt werden. Die Ausformung erfolgt in sehr warmen Räumen. Danach werden die Käse sechs Stunden lang in ein Bad von Salzwasser gelegt. Sie reifen in extrem kühlen Räumen vor; der gesamte *Reifungs*prozeß dauert etwa 40 Tage.
Weißlacker hat keine Rinde, sondern eine weiß-gelbe Oberfläche, die mit lackartiger Schmiere bedeckt ist. Die Schnittflächen wirken hell und zeigen wenige kleine Löcher. Der Geschmack ist pikant bis scharf.

Weißlacker wird in drei Fettstufen hergestellt:

Fettstufe	mindestens 45 % *Trockenmasse*
	mindestens 40 % *Fett i. Tr.*
Vollfettstufe	mindestens 47 % Trockenmasse
	mindestens 45 % Fett i. Tr.
Rahmstufe	mindestens 49 % Trockenmasse
	mindestens 50 % Fett i. Tr.

Weißschimmel (Edelschimmel) siehe *Weichkäse* und *Handkäse*.

Welsh Rarebits siehe *Käseschnitten.*

Wensleydale. *Edelpilzkäse* aus Nordengland, wo er seit der Eroberung Englands durch die Normannen zunächst aus Ziegenmilch, später in der Zisterzienserabtei von Jervaulx aus Kuhmilch hergestellt wurde. Genau wie der *Stilton* wird auch Wensleydale in den Qualitäten White und Blue angeboten, unterschieden durch die *Reifung*sdauer und den sich daraus ergebenden Geschmack. Doch ist dieser in jedem Falle milder als der des Stilton, und wird als honigartig beschrieben: Zum Wensleydale ißt man in England oft Apple pie (Apfelkuchen, Apfelpastete) oder Äpfel. »Apple pie without cheese is like a kiss without a squeeze« (Apfelkuchen ohne Käse ist wie ein herzloser Kuß).
Weißer Wensleydale hat bei einer Reifungsdauer von 3 Wochen einen milden Geschmack; blauer, von den Pilzkulturen durchzogen, hat mindestens 6 Monate Lagerzeit hinter sich und schmeckt pikant. Beide Sorten werden in 10 bis 12 engl. Pfund* schweren runden Laiben hergestellt, der weiße Wensleydale zusätzlich in rindenlosen Blöcken von 10 und 40 engl. Pfund Gewicht.

White Cheshire siehe *Cheshire.*

White Mould. Dänischer *Weichkäse* mit *Edelschimmel* in der Art des *Camembert.* Auch mit *Blauschimmel*gehalt.

Wilstermarschkäse. *Schnittkäse* aus Schleswig-Holstein (dort bezeichnet man ihn als den besten) mit herbem, leicht säuerlichem Geruch und Geschmack. Er kommt in Brotform in den Handel, mit gelber Rinde und geschmeidigem, hellgelb-glänzendem, feinporigem Teig. Die Stücke haben ein Gewicht von 1,5 bis 6 kg. Wilstermarschkäse wird vollfett und in der Rahmstufe *(Fett i. Tr.)* angeboten, mit mindestens 53 bzw. 56 % *Trockenmasse.*

Witte meikaas. Holländischer *Frischkäse,* der tortenförmig, mit einem Fettgehalt von 48 % in der *Trockenmasse (Fett i. Tr.)* angeboten wird.

Ziegenkäse, französischer siehe *Chèvres.*

Ziger. Käse, der durch das Erhitzen von vergorener *Süßmolke* (Labmolke) gewonnen wird, wobei das Milchalbumin gerinnt. In

* 1 engl. Pfund = 453 g

steigendem Maße ist aber heute auch *Quark* das Ausgangsprodukt. Bekanntester Zigerkäse ist der *Schabziger.*

Zuppa Pavese. *Rösten Sie Weißbrotscheiben (für jede Person eine) in Olivenöl oder Butter. Legen Sie je eine Scheibe in eine Suppentasse oder auf einen Suppenteller und lassen Sie ein rohes Ei vorsichtig daraufgleiten. Nun heiße Fleischbrühe auffüllen, geriebenen Käse darüberstreuen und im Ofen überbacken. Das Eiweiß soll stocken, das Eigelb dagegen flüssig bleiben.*

Rezepte